工程项目管理手册
实战案例

Practical Cases of
Engineering Project Management Manual

雷永萍　周　天 ⊙ 编著

中南大学出版社
www.csupress.com.cn
·长 沙·

图书在版编目(CIP)数据

工程项目管理手册实战案例 / 雷永萍, 周天编著.
长沙: 中南大学出版社, 2025.4.

ISBN 978-7-5487-6206-5

Ⅰ. F284

中国国家版本馆 CIP 数据核字第 2025DQ9385 号

工程项目管理手册实战案例

GONGCHENG XIANGMU GUANLI SHOUCE SHIZHAN ANLI

雷永萍　周　天　编著

□**出 版 人**　林绵优
□**责任编辑**　刘颖维
□**责任印制**　唐　曦
□**出版发行**　中南大学出版社
　社址: 长沙市麓山南路　　邮编: 410083
　发行科电话: 0731-88876770　　传真: 0731-88710482
□**印　　装**　广东虎彩云印刷有限公司

□**开　　本**　710 mm×1000 mm 1/16　□**印张** 14.5　□**字数** 290 千字
□**版　　次**　2025 年 4 月第 1 版　□**印次** 2025 年 4 月第 1 次印刷
□**书　　号**　ISBN 978-7-5487-6206-5
□**定　　价**　78.00 元

编委会

Editorial Committee

主　　编： 雷永萍　周　天

副 主 编： 石　雷　谭弄潮

参编人员： 刘涵子　谢　楠　陈佳俊　宁睿彬
栗介耀　何驰骋　达嘉颖　魏光辉
王奕阳　黄存文

前言

Foreword

工程项目管理是推动经济社会发展的关键支撑，贯穿项目全生命周期，在资源配置、质量控制、成本管理、进度保障等方面具有重要作用。科学高效的项目管理不仅能够优化资源利用，提高工程质量和安全水平，降低成本超支和工期延误风险，还能推动技术创新，提升工程抗风险能力，促进绿色可持续发展。同时，工程项目管理的数字化、智能化转型正在加速，为行业带来更高效、更精准的决策支持，增强企业竞争力，助力基础设施建设和产业升级。因此，构建现代化、高效能的工程项目管理体系，是实现高质量发展的重要保障。

本书是一本面向广大能源化工工程管理人员、各专业工程师的辅助性读物，全书以一个较大型能源化工项目为典型案例，从建设业主方视角，较为完整和详细地介绍了该项目从获批成立项目经理部起，至项目建成试生产止的项目管理是如何开展和进行的。这本管理手册介绍的是一个已成功实践的实战案例。在工程领域，一个项目就是一个作品。希望借助这个实战案例作品，为奋斗在工程建设行业或即将踏上工程建设之路的读者提供一点帮助。

全书共 3 章，第 1 章是项目概况；第 2 章讲述了项目管理目标及模式；第 3 章是重点，由 16 个项目管理程序组成，阐述了项目全过程管理涉及的各个方面，重点在合同、设计、施工、安全、质量、进度、监督与绩效等管理程序上。各管理程序结构基本一致，包括了制订该管理程序的目的，该程序的适用范围，该项管理的组织机构、职责分工、管理内容、管理措施及附件。项目管理千头万绪，参建单位多，除责任主体建设业主方外，还有设计方、供货方、施工方(分包方)、监理方、检验检测方和地方政府管理部门。为把各参建单位的项目行动统一到项目目标上来，制订一个有效的项目管理手册显得非常重要，手册中的管理程序能为各参建单位明确各自的工作职责、工作内容、工作流程、工作成果等提供支撑。在本书中，出于表述便利，部分真实项目、机构及人物名称已进行化名处理。

参加本书撰写的各位作者分工如下：重庆金维实业有限责任公司雷永萍高级工程师负责提出本书的编写大纲，编写第 3 章 3.1~3.2 节、3.9~3.14 节；中南大学周天教授负责修改与审核全书，编写第 3 章 3.3~3.4 节；中南大学石雷负责编写第 3 章 3.7~3.8 节；国防科技大学谭弄潮负责编写第 3 章 3.5~3.6 节；中南大学刘涵子负责编写第 1 章、第 2 章、第 3 章 3.15 节；中南大学谢楠负责编写第 3 章 3.16 节。参与本书资料整理的还有中南大学硕士研究生陈佳俊、宁睿彬、何驰骋、达嘉颖、魏光辉、王奕阳、黄存文，以及中国民航大学硕士研究生粟介耀。

这本实战案例可作为工科院校工程专业教育的辅助教材；也可作为工程专业学生的课外阅读资料，以开阔学生的视野，使学生养成从工程实践中学习的好习惯；还可作为工程师继续教育的重要内容；亦可作为工程行业广大工程师和工程管理人员工作中的参考书，使他们既能增长管理阅历，丰富管理知识，又能提升实践能力，提高项目管理水平。

作者

2025 年 2 月

目录

Contents

第1章 项目概况

1.1 项目名称和基本概况

1.1.1 项目名称

项目名称：海沙集团公司海沙石化40万吨/年PBC项目。

建设单位：海沙石化有限公司。

建设地点：海沙工业园。

1.1.2 项目基本概况

海沙石化40万吨/年PBC项目前期工作历经3年。

40万吨/年PBC项目以A为原料生产B，以B和C为原料合成PBC，以PBC为原料生产D，以生产B时产生的尾气为原料合成H。主要建设内容为：新建12万吨/年B装置、40万吨/年PBC装置、12万吨/年D装置、80万吨/年H装置；配套建设8.2亿 m^3/年A处理装置，4.8万 m^3/h空分装置，2台480 t/h煤锅炉，55 MW及30 MW汽轮发电机组，77800 m^3/h循环水、520 m^3/h污水处理等辅助装置及公用工程。

本项目依托海沙石化有限公司建设，建成后装置定员按照"四班三运转"班制编制，总定员580人，主要通过海沙石化现有装置优化调配解决，新增少量人员。

1.1.2.1 脱硫装置

装置规模：设计规模为处理8.2亿 m^3/年A装置，年操作时数7800 h。

装置组成：由增湿增氧、常温脱硫、水洗分离三个系统组成。

技术特点与工艺路线略。

1.1.2.2 B 装置

装置规模：设计规模为生产 12 万吨/年 B 装置，部分氧化按 12 条生产线设计，单条线能力为 0.8 万吨/年 B 装置；提浓按 3 条生产线设计，单线能力为 6 万吨/年 B 装置。年操作时数 7800 h。

装置组成：由部分氧化设备、炭黑分离设备、炭黑水冷却设备、炭黑溢流水处理设备、裂化气压缩设备及循环气压缩设备和裂化气气柜、提浓及溶剂处理设备、高级炔升压设备、B 加压设备和 B 气柜和界区内公用工程设备组成。

技术特点与工艺路线略。

1.1.2.3 PBC 装置

装置规模：设计规模为生产 40 万吨/年 PBC 装置，年操作时数 7800 h。

装置组成：由 B 净化单元、PBC 合成单元、精馏单元、排气回收单元和中间罐区组成。

技术特点与工艺路线略。

1.1.2.4 D 装置

装置规模：设计规模为生产 12 万吨/年 D 装置，年操作时数 7800 h。

装置组成：由聚合单元、回收单元、醇解单元、药调单元、料仓包装单元、废水中和单元和冷冻站组成。

技术特点与工艺路线略。

1.1.2.5 H 装置

装置规模：设计规模为生产 80 万吨/年 H 装置，年操作时数 7800 h。

装置组成：由 B 尾气处理单元、压缩单元、合成单元、氢回收单元、精馏单元、BTB 自热转化单元和中间罐区组成。

技术特点与工艺路线略。

1.1.2.6 主要配套及公用工程

(1)锅炉及发电

装置规模：2 台 480 t/h 煤锅炉，1 台 30 MW 背压式汽轮发电机和 1 台 55 MW 抽背式汽轮发电机，年操作时数 7800 h。

装置组成：由煤锅炉、汽轮发电机组、燃料储运系统、除灰除渣及烟气脱硫装置等组成。

技术特点与工艺路线略。

(2)循环水装置

装置规模：77800 m^3/h，建设 18 个 5000 m^3/h 的凉水塔，年操作时数 7800 h。

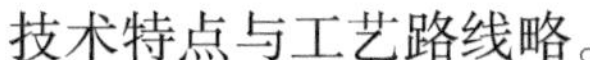

技术特点与工艺路线略。

(3) 污水处理装置

装置规模：依托海沙石化现有污水处理厂进行改扩建，扩建污水处理厂规模为 520 m^3/h，年操作时数 7800 h。

装置组成：由调节池、接触氧化池、二次沉淀池、监护池组成。

技术特点与工艺路线略。

1.2 总图布置

40 万吨/年 PBC 项目新建厂区位于海沙石化的东南部，海沙工业园内。总图布置占地面积为 825000 m^2，其中需新征地面积为 725000 m^2。污水处理厂、化学水处理站及脱硫装置等在现有老厂区内进行改造扩建。

本项目由化工装置区和锅炉发电区两部分组成。化工装置区主要为工艺生产装置、空分空压系统、循环水场等辅助装置及相应的生产管理设施，锅炉发电区主要为锅炉及煤储运系统。脱硫装置、污水处理厂及供水站等则依托老厂设施进行改造。罐区和固体物料仓储设施根据不同的情况布置在海沙铁路专用线配套罐区及海边罐区内。

化工装置区位于沙中路西侧、沙南路北侧，东侧与海沙石化老厂区之间有沙中路相隔。该场地的西侧是海沙工业园规划的 A 化工区，北侧是园区的架空电力线走廊，西南临近沙江铁路和海沙石化铁路专用线。根据场地的可利用情况及总的工艺流程要求，在梯形场地的西北部自北至南布置有稀 B 装置、B 提浓装置，与其联系较为密切的 PBC 和 D 属于 B 装置的下游装置，根据场地情况，将这两个装置布置在场地的东部；新建 H 装置以 B 尾气为主要原料，将其布置在场地的南部，这样可以相对缩短各种工艺管线的长度，管线联系短捷。安全火炬主要为 H 装置服务，因此将其布置在 H 装置的西南角，也处于整个场地的西南角、主导风向的下风向。

空分装置布置在场地的东北角，处于全年主导风向的上风向，保证了较好的空气条件。冷冻站、循环水等辅助及公用工程设施本着靠近主要负荷的原则尽可能靠近工艺装置布置。

本工程的生产管理区布置在场地的东北部，位于主导风向的上风向，并靠近沙中路，与外界联系也较为方便。生产管理区主要包括控制中心、中央化验及生产运行管理中心等。控制中心与生产装置联系较为密切，在保证安全的前提下尽可能靠近工艺生产装置，以方便管理并有效缩短电缆长度。

本工程在工艺生产装置区北部、生产管理区与空分装置之间设置一条宽度

12 m 的东西向道路，与位于沙中路东侧的锅炉发电区大门及道路相对应；装置区中部设置一条宽度 9 m 的南北向道路，新海沙主管廊也沿该条道路西侧设置，使得各工艺生产装置及辅助生产设施能紧密地联系。根据各工艺生产装置布置情况、生产特点及道路布置情况，在该区域四周设置围墙，并根据需要设置大门(含门卫)三座：在东北部面向沙中路的两座主要用于人员进出和消防，厂区南部面向沙南路的一座则主要用于产品运输和消防。

化工生产装置区占地面积为 385000 m^2，系新征土地。

锅炉发电区位于海沙石化厂区南部、沙中路东侧。在本设计中拟建设 480 t/h 的煤锅炉两台，并配备一台 30 MW 汽轮发电机及一台 55 MW 汽轮发电机。根据海沙煤支线的建设情况，锅炉发电部分的布置从西向东分别为 35 kV 总配电站、发电及锅炉、灰渣处理单元、干煤棚和露天煤场。将锅炉装置南端设为发展端，并在平面布置中预留两台锅炉的位置。

锅炉发电区占地面积 85000 m^2，其中需征地 85000 m^2。

本项目新增大量原料和产品，海沙石化现有的储存设施已不能满足改扩建工程的需要，需配套建设相应的存储设施。为便于原料和产品的外运，将 H 及 PBC 等主要液体储罐和化学品、原辅材料等的仓库布置在沙江铁路海沙专用线配套罐区附近，并且根据装卸需要将其余部分液体储罐及 H 装车设施建在海沙石化海边罐区。本项目原材料、燃料和产品的储运及相应设施的建设由东海海沙物流公司全权负责，储存、运输及相应设施的建设投资不计入本项目的投资中。

本项目拟对海沙石化现有污水处理厂进行改造、扩建，以满足处理各新增装置排放污水的需要。污水处理厂位于海沙石化现有厂区的东南部。场内按照工艺流程布置有各种沉淀池、曝气池、氧化池等。污水处理厂占地面积约为 12000 m^2。

新建脱硫装置靠近原脱硫装置脱硫塔的北侧设置。新扩建脱硫装置占地面积约为 10000 m^2。

1.3 项目总投资及经济效益

本项目总体设计批复投资 60 亿元，其中建设投资 55 亿元，建设期利息 2 亿元，铺底流动资金 9000 万元。40 万吨/年 PBC 项目建成投产后，预计年实现销售收入 36 亿元，实现利税总额 8.2 亿元，税后利润 6.25 亿元，税后内部收益率为 16.25%，投资回收期为 8.2 年。

1.4　建设模式

1.4.1　投资模式

本项目由海沙石化投资建设，自筹资金比例为60%，其余为银行贷款。

1.4.2　管理模式

项目采用工程建设领导小组指导下的HSJTPMT(海沙集团联合项目管理组)+(E+P+C)或EPC+监理的管理模式。(E+P+C：设计、采购、施工分别招标，三个环节相互独立，EPC：设计、采购、施工统一招标，由同一承包商负责。)

1.5　项目建设特点和难点

1.5.1　设计

基础设计和详细设计进度是影响工程建设进度的主要因素。

项目开展后，设计单位的主要任务之一是现场设计服务工作，好的现场设计服务可以提高工作效率，加快建设进度，减少不必要的返工。

1.5.2　采购

采购方面面临的难题很多，其中最大的问题是H装置合成反应器和合成气压缩机。虽然已经订货，但其制造周期分别为22个月和18个月，加上运输、通关时间，预计H合成反应器及合成气压缩机分别于2020年12月、2020年10月才能运抵现场，距H装置建成中交仅余3个月时间。因此，如何采取非常规手段缩短运输及安装时间是项目的难题。

订货工作只是采购管理工作的一部分，设备、材料的监造、检验、催交催运等工作必须加强，确保设备、材料按时到场。

由于全球经济形势不乐观，制造商加工任务相对不饱满，这有利于按时交货，但也存在资金风险，如何保障订货资金正常用于采购的设备及材料，需要引起高度重视。

1.5.3 施工

设计、采购和开工前的准备工作存在着大量的不确定因素，缩短了施工及试运行阶段的有效作业时间，给施工组织带来了一定的困难。比如，H 合成反应器的安装时间仅有 2 个月，H 合成气压缩机组的安装时间仅有 3 个月。要想在工期紧张的情况下高质量完成施工任务，需要在施工管理和技术上做大量细致的工作。

拟承担锅炉安装任务的公司所排锅炉中交计划时间比里程碑计划晚 4 个月。项目经理部将对此进行专题研究，调动设计、采购、施工各方面积极性，力争按里程碑计划按时建成。

项目的大件吊装是施工方面的重要环节，也是重点和难点所在，技术含量高，风险比较大，协调任务多。如果大件吊装工作组织不得力，将会严重影响后续安装工作的展开。

受东海气候条件的限制，项目施工将历经两个雨季，这将对施工工期造成一定的影响，如何合理安排，需要认真研究，采取相应对策。

1.6 建设进度安排

自 B、PBC、D、脱硫及循环水场第一批基础设计文件批复起至具备投料试车条件，总工期 36 个月。确定工程建设目标为自工程开始后，24 个月内实现全部公用工程具备投用条件，26 个月后实现全部装置建成中交，31 个月后实现工程投料试车。技术特点与工艺路线略。

第 2 章

项目管理目标及模式

2.1 项目建设目标

2.1.1 项目进度目标

工程开始后，6 个月后桩基工程开工，19 个月后总降压站具备受电条件，23 个月后全部公用工程具备投用条件，26 个月后全部装置建成中交，31 个月后工程投料试车。

2.1.2 项目质量目标

强化设计、采购、施工、试车全过程控制，依靠管理创新和精细管理，工程总体质量目标达到设计要求，保证建设项目有效投入使用，保证生产安全和符合使用功能的要求，投料试车一次成功，争创国家级优质工程。

设计质量总体评定优良；物资采购质量满足设计、技术合同、制造标准及相应规范的要求，合格率 100%；施工质量优良，施工焊接质量一次合格率在 95%以上，土建、安装等单位工程质量合格率 100%，其中安装工程优良率在 90%以上。

2.1.3 项目投资控制目标

确保投资控制在批准的基础设计概算范围内。

2.1.4 项目 HSE 管理目标

确保项目安全、环保、消防等设施与主体工程“三同时”。

健康(H)：无传染性疾病发生，无辐射伤害发生、无职业病发生。

安全(S)：实现“三个为零”，即重大人身伤亡事故为零，重大交通事故为零，重大火灾、爆炸事故为零。

环境(E)：最大限度地保护生态环境，因施工造成的环境污染事故为零。

2.1.5 项目合同目标

通过严格、规范、有效的合同管理，确保实现项目质量、HSE、进度、费用、信息等控制目标。

2.2 项目管理模式

2.2.1 项目管理指导思想

坚持高标准严要求，切实加强组织领导，精细设计、精心施工、科学管理、规范流程，努力提高工程建设管理水平，把 40 万吨/年 PBC 项目建设成为安全工程、环保工程、优质工程、高效工程、阳光工程。

2.2.2 项目管理模式

项目采用“HSJTPMT+EPC+监理”的工程建设组织管理模式。HSJTPMT(海沙集团联合项目管理组)为此项目常设领导管理机构。成立 HSPMT(项目经理部)，在 HSJTPMT 及海沙石化项目建设领导小组指导下，具体负责项目工程建设实施阶段的组织管理与协调控制工作，确保项目安全、质量、进度、投资、协调及合同管理有效可控。

2.3 项目组织机构及职责

2.3.1 组织机构

2.3.1.1 海沙集团联合项目管理组(HSJTPMT)

HSJTPMT 由海沙集团有关部门、海沙石化领导组成，郭二、张三任组长，李四、王五、卢六、崔七、郑八、潘九任副组长。

HSJTPMT 作为项目工程建设的管理层，负责对项目筹备、建设及竣工期间的重大事项做出决策，审定工程重大建设方案和部署。

2.3.1.2　海沙石化项目建设领导小组

组长：张三。

副组长：李四、王五、卢六、崔七、郑八。

成员：甲 1、甲 2、甲 3、甲 4、甲 5、甲 6、甲 7、甲 8、甲 9、甲 10、甲 11、甲 12、甲 13、甲 14、甲 15、甲 16、甲 17、甲 18、甲 19、甲 20。

2.3.1.3　项目经理部(HSPMT)

根据海沙集团对本项目组织管理机构的批复，海沙石化成立 40 万吨/年 PBC 项目经理部(简称“HSPMT”)，具体负责项目建设期间的组织、管理、控制，确保项目安全、进度、质量、费用、合同、协调处于可控状态。

张三担任 HSPMT 总经理，李四、王五、卢六、崔七和郑八担任副总经理，HSPMT 下设政工部、控制部、工程部、采购部、质量部、HSE 部、财务部和生产准备部等 8 个部门。在工程部配备装置经理，以加强建设管理。

2.3.2　职责

2.3.2.1　项目经理部(HSPMT)

①制订项目总体建设和项目实施方案。

②组织落实项目前期各项准备工作，协助总部完成设计审查工作，确保项目按计划建设。

③组建项目经理部下设的职能部门和项目分部，确定人员，明确职责分工和工作流程。

④负责组织编制项目管理手册和制订总体统筹控制计划。

⑤制订项目管理目标，审查投资概算和资金使用计划。

⑥制订工程招标策略，组织招标工作。

⑦负责制订项目协调程序，对项目全过程的各项工作进行协调、控制、审查和批准。

⑧对 E+P+C(EPC)合同履行情况进行检查和监督管理，对合同执行全过程具有监督权和否决权。

⑨委托监理单位对项目实施监理，并对监理单位的工作进行全面的监督和检查。

⑩制订完工项目的“三查四定”工作安排，安排中间交接具体工作，负责竣工验收组织工作。

⑪委托海沙质量监督站和具有相关资质的第三方单位对工程质量进行监督、

检验。

⑫处置项目实施过程中的重大安全和质量事故。

2.3.2.2　各职能部门

1. 政工部

①负责法定审批和外部协调。

②负责协调项目外事和翻译事务管理。

③负责保密管理工作、计算机及办公网络管理。

④负责项目部人力资源管理。

⑤负责项目部临时党支部、工会、纪检监察等日常工作。

⑥负责文件收发、档案、会务、接待、车辆、办公及劳保用品、生活后勤、临时办公区保卫等行政事务工作。

⑦负责经理办公会会议纪要和项目大事记的拟稿及印发。

⑧负责项目对外宣传工作(包括定期出版项目简报)。

⑨负责办公设施固定资产管理。

⑩编写部门工作职责范围内竣工资料。

⑪负责竣工验收资料的汇稿、出版工作。

2. 控制部

①组织编写总体统筹控制计划、一级进度计划；检查进度计划执行情况；拟发项目部月度工作计划、总结；编报工程月报。

②负责物资需求计划提报，参与采购计划编制，审核物资领用单。

③负责费用(含物资采购费用)控制，参与工程计量，组织编报投资计划，检查投资完成情况，编报费用控制月报。

④负责项目工程建设招投标管理(不包括物资采购招投标管理)、合同控制，办理工程索赔，编报合同月报。

⑤组织按变更控制程序审核/审批变更。

⑥组织风险评估，编制风险评估报告。

⑦编写部门工作职责范围内竣工资料。

3. 工程部

(1)设计管理

①负责项目基础设计和详细设计联络和协调，协助组织厂内审查。

②负责经办设计变更。

③审核提报给采购的设计资料。

④向设计院提供设计条件。

⑤参与设备、材料采购的技术咨询、评估工作，审查并会签项目物资采购合同技术附件。

⑥承担施工管理的技术支持工作。

⑦编写项目设计工作管理月报。

⑧编写部门工作职责范围内竣工资料。

(2)施工管理

①负责编写施工招标询价文件(技术部分)，审查评估投标文件(技术部分)。

②组织设计施工图技术交底和图纸会审，审批施工组织方案、施工技术文件。

③负责现场施工管理(调度、进度、质量、HSE 等)。

④审核施工设备、材料领用计划；组织专业验收和装置中交；组织装置中交后遗留问题的整改。

⑤督促、配合监理单位做好监理工作，审查现场工程计量，检查现场施工工序，确认隐蔽作业完工状况。

⑥编写项目施工管理月报。

⑦编写部门工作职责范围内竣工资料。

4. 采购部

①组织编制采购计划。

②负责项目物资招投标等采购工作。

③组织关键设备技术交流。

④负责设备监造、催交和接运。

⑤负责项目物资的入库、储存、出库、转运以及临时库房的管理；负责供货商向设计院提供技术资料的催交、协调工作。

⑥组织编制物资采购投资预算、用款计划。

⑦上报物资超概采购申请。

⑧管理、考核供货商，协调供货商进行现场服务以及供货物资现场质量问题处理。

⑨负责工程节余物资统计，协助剩余物资处理。

⑩牵头组织到货物资(含随机资料)的开箱检查验收。

⑪办理甲供材料检验工作。

⑫编写部门工作职责范围内竣工资料。

5. 质量部

①负责项目全过程质量管理。

②建立项目质量管理体系，组织编制质量管理程序文件。

③审查各参建单位的质量管理体系并对实施过程进行监督检查。

④审查质量计划及检验计划，监督检查实施情况。

⑤监督设备材料入库前的质量检验。

⑥参加第三方检测单位资质的审查和第三方检测管理工作。

⑦协助设备监造管理。

⑧参与设计及重大施工方案审查，检查落实质量保证措施。

⑨组织质量例会及质量问题专题会；参与一般事故的调查，组织重大质量事故的调查、分析，上报重大质量问题处理方案并监督整改。

⑩参加“三查四定”和中间交接，组织质量检查并参与质量评定。

⑪编写部门工作职责范围内竣工资料。

6. HSE 部

①组织制订本项目安全施工监督管理规定并监督执行。

②负责组织项目的安全、环保、职业卫生(预)评价工作和“三同时”监督工作。

③负责项目施工过程的 HSE 监督管理工作。

④认真审核承包商 HSE 资质。

⑤对参建人员进行 HSE 教育和培训，组织开展各种 HSE 活动。

⑥参与对承包商施工安全方案的审查。

⑦组织事故分析、上报和处理。

⑧负责施工现场的门禁管理。

⑨编写部门工作职责范围内竣工资料。

7. 财务部

①负责项目融资协调。

②负责资金计划管理、审核和办理资金支付。

③负责日常财会工作(费用报销、工程物资核算、在建工程核算)。

④负责财务报表编制及财务分析。

⑤编制单位资产交付清册并办理交付。

⑥参与投资控制。

⑦编制竣工决算；配合项目审计。

⑧编写部门工作职责范围内竣工资料。

8. 生产准备部

①参与基础设计、详细设计审查。

②配合厂职能部门确定技术方案。

③参与设备采购技术交流、评估。

④组织编报投料试车物资计划。

⑤组织编写总体试车方案和联动试车方案。

⑥组织编写“三规一法”。

⑦组织生产人员培训及考核。

⑧参与“三查四定”和关键部位中交前的检查。

⑨编写部门工作职责范围内竣工资料。

2.3.2.3　工程监理

受 HSPMT 委托，对工程建设质量、进度、投资、安全进行监理，协助 HSPMT 做好工程建设管理工作。

①对项目区域内的所有活动进行协调管理。

②审查承包商的进场计划和人力资源投入计划，并监督检查落实情况。

③对承包商的分包内容、分包层次加以限制，并对分包单位的资格进行审查确认。

④审查承包商的项目质量计划并监督实施，督促承包商完善质量管理体系。

⑤参与审查设计单位的项目详细设计进度计划和保证措施。

⑥审批承包商的施工组织设计、重大施工技术措施和方案、一般施工方案，负责施工过程质量控制。

⑦审核确认承包商交付的月工程量统计报表，汇总编制装置/单元月工程量统计报表。

⑧审批承包商的 HSE 管理规划和实施方案，并监督检查执行情况。

⑨审查承包商的施工平面布置方案。

⑩召开周监理例会，形成会议纪要，并监督检查执行情况。

⑪汇总装置/单元施工图纸会审意见，参与设计交底。

⑫参加详细设计审查会议。

⑬参与设备、材料的开箱检验工作。

⑭监督检查项目物资供应动态。

⑮编制上报监理月报。

⑯参与单机试车及其性能考核工作。

⑰组织装置/单元“三查四定”，参与单位工程中间交接，审核承包商的交工资料。

⑱参与估价设计变更，并监督实施经批准的设计变更。

⑲按工程施工合同约定的工程量和进度款计算方法，审核工程量和进度款。

第3章 项目管理程序

3.1 协调管理程序

3.1.1 目的

为规范PBC项目的协调管理，明确工作流程，特制订本程序。

3.1.2 协调管理层次

自上而下三个层次，即HSJTPMT、海沙石化项目建设领导小组、HSPMT。

3.1.3 协调范围

3.1.3.1 内部沟通协调

指海沙集团内部的组织协调，包括总部、海沙石化、项目经理部及各级组织内部之间为完成建设任务、实现建设目标而进行的协调。

3.1.3.2 外部沟通协调

指与海沙集团外的有关各方(政府主管部门、厂址附近居民)之间的协调，如向政府部门申请监管与审批、征地拆迁等。

3.1.3.3 各参建单位间沟通协调

包括业主与各承包商之间的协调、项目管理运作过程中各专业之间的协调。

3.1.4　协调主要依据

主要依据国家和石化行业工程项目建设的法律法规、经批准的项目文件。

3.1.4.1　行政组织协调

按管理层级进行协调，上级决策指导，下级执行汇报。

3.1.4.2　制度协调

按照项目建设法规制度和程序标准，协调参建单位和项目建设实施过程中涉及的各方面工作。

3.1.4.3　经济合同沟通协调

主要依据工程合同，侧重以经济手段协调业主与各承包商之间的关系，承包商和分包商之间的关系。

3.1.4.4　会议沟通协调

通过召开各个层次的会议，协调工程建设过程中各个层面之间的关系，明确目标，制订工作措施，落实责任，解决相关问题。

1. 项目协调会

每月召开1次，由项目建设领导小组组长主持，主要检查工程进展情况，研究重大事项和解决重大问题。

2. 项目经理部例会

每周一下午召开，由项目经理部主持，政工部负责会务安排和会议纪要。项目经理部各分管副经理、专家组有关专家、项目经理部各职能部门负责人、各装置经理、参建单位负责人参加。主要听取各职能部门、各专业上一周主要工作完成情况和本周主要工作部署情况的汇报，研究解决工程中出现的问题，促进项目建设各项管理工作进行。

3. 设计、采购、施工专题协调会

每周三下午召开，由项目经理部分管设计、采购、施工的副经理联合主持，政工部负责会务安排和会议纪要。专家组有关专家，工程部、采购部、控制部负责人及其他相关人员参加。主要是专题研究工程建设过程中设计、采购、施工三项工作之间的相互影响关系，及时协调解决三项工作之间出现的问题和矛盾，确保工程建设计划合理有序推进。

4. 工程进度计划会

每月召开1次。此会议由主管副经理或控制部负责人主持，项目经理部领导，各部门、监理单位、设计单位、各承包商负责人及有关人员参加。会议对上月工程进度完成情况进行总结，公布月度考核结果，下达当月工程计划，确保工程进度处于受控状态。

5. 工程调度会

每周至少召开 1 次，特殊情况下可随时召开。调度会由工程部经理或主管工程施工的副经理主持，工程部负责召集。项目经理部相关部门、监理单位、设计单位、各承包商负责人及有关人员参加。由监理单位通报本周施工完成情况、现场 HSE、质量管理状况、存在的问题、下周施工计划安排、质量管理工作提示。协调解决工程施工过程中设计、采购、施工、安全、进度、质量等方面的矛盾和问题。

6. 监理例会

每周 1 次，由监理单位主持，项目总监、有关部门经理、专业工程师、各 EPC 承包商项目经理、施工单位项目经理或负责人、HSPMT 部门领导等参加。参会单位汇报一周主要工作，提出需要协调解决的问题。

7. HSE、质量管理例会

每月召开 1 次，由 HSPMT 和监理单位主持。HSPMT 相关领导、相关部门和监理单位、施工单位相关人员等参加。由各承包商书面汇报上月 HSE、质量管理情况，存在问题，及下月 HSE、质量管理计划；监理单位总结上月 HSE、质量管理情况，主持有针对性的讨论，分析存在的重要问题和隐患整改处理方案、措施，并进一步分析其对项目进度、质量、费用等方面的影响；项目经理部 HSE、质量管理工程师提要求；主持人总结会议，并明确下月 HSE 管理的重点工作。

8. 其他专业协调会

根据项目建设需要定期召开或视情况随时召开，由 HSPMT 有关领导或部门经理主持，参会人员临时通知，及时协调解决建设过程中出现的问题。

3.1.5 会议纪要的起草和督办

会议纪要应有固定的格式，内容包括：会议时间、会议地点、主持人、参加人和纪要内容等。会议上形成的决策性意见和一致性决定应在会议纪要中予以明确。

综合性会议纪要由政工部负责撰写和督办；工程类会议由会议部门起草、督办。

会议纪要原则上在会后 1 日内发至与会各单位或人员。会议纪要的收发方应建立并保存收发记录。

会议纪要经签发成为项目管理的有效文件，对所有与会单位均具有约束力，各与会单位对会议所决定的事项应积极做出反应，缺席、迟到或早退并不免除其执行会议决定的责任。

3.2 HSE 管理程序

3.2.1 管理原则

以国家相关法律法规、海沙集团公司《安全生产监督管理制度》、海沙石化 HSE 管理体系标准指导项目的施工管理。

3.2.2 HSE 方针、目标和职责

3.2.2.1 HSE 方针、目标

1. HSE 方针

安全第一，预防为主；全员动手，综合治理；保护环境，维护健康。

2. HSE 控制目标

健康，实现无传染性疾病、辐射伤害和职业病；安全，实现无人身伤亡、交通事故和火灾爆炸；环境，实现无施工污染。

3.2.2.2 项目 HSE 管理网络

项目 HSE 管理网络包括海沙石化 HSE 管理委员会、项目经理部(HSPMT)、项目经理部 HSE 部、监理单位、监理单位 HSE 部、各施工承包商、各施工承包商 HSE 部，如图 3-1 所示。

3.2.2.3 项目 HSE 职责

1. 项目部 HSE 职责

(1)项目经理 HSE 职责

贯彻执行有关 HSE 方针、政策、法律法规和标准；审定和批准本项目 HSE 方针和目标，对 HSE 管理重大事项做出决策；安排 HSE 资金，保障安全文明施工措施投入；定期组织现场检查。

(2)工程部 HSE 职责

负责项目现场 HSE 管理，监督、检查各项安全制度的落实；配合项目管理部门和其他职能部门对本项目 HSE 进行督促和检查；督促和检查监理部、承包商的

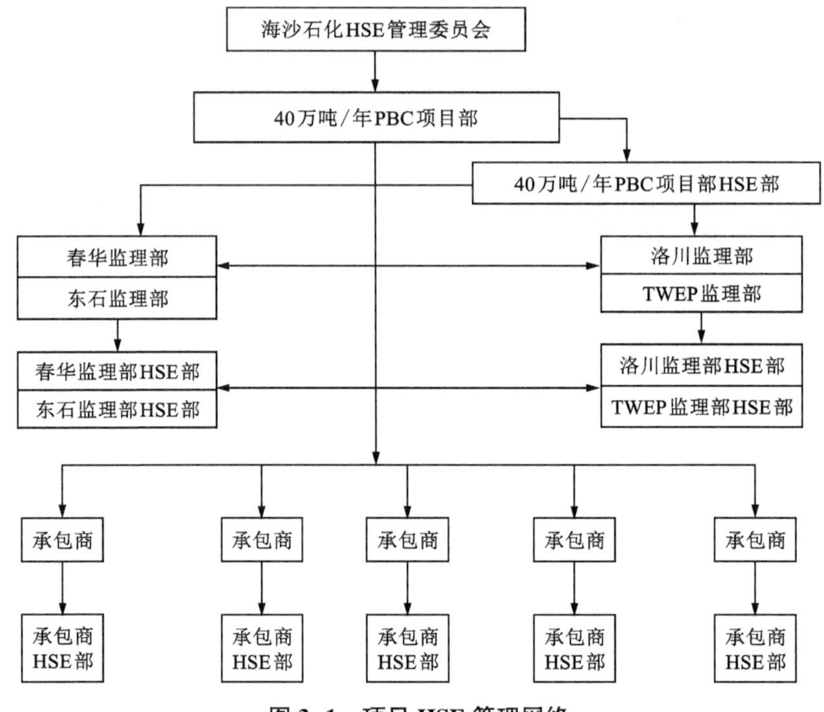

图 3-1　项目 HSE 管理网络

HSE 管理，对查出的隐患，要求其制订防范和整改措施；配合 HSE 部做好工程项目中各类事故的汇总上报工作，协助完成安全事故的调查处理，建立健全事故档案；定期进行现场巡查，监督检查施工工地 HSE 执行情况；参与工程项目有关 HSE 配套工程的设计审查。

(3)控制部 HSE 职责

签订各类合同时，严格按照《承包商管理程序》的规定，对承包商的 HSE 资质、HSE 管理措施及实施程序、HSE 业绩等方面进行审查，把好承包商的准入关；组织执行上级关于 HSE 的指示并督促落实；配合项目管理部门和其他职能部门对本项目 HSE 进行督促和检查；配合 HSE 管理部门做好工程项目中各类事故的汇总上报工作。

(4)政工部 HSE 职责

协助 HSE 管理部门做好劳动保护用品的发放；协助领导贯彻上级有关安全环保方面的指示，及时转发 HSE 方面的文件、资料；配合 HSE 管理部门做好工程项目中各类事故的汇总上报工作。

(5)采购部 HSE 职责

严把采购质量关，在货(价)比三家，选择性价比相对较高的物资材料、设备时，必须保证其安全性能；负责按计划保质保量及时采购项目所需设备、材料；按照事故处理“四不放过”原则负责采购质量事故调查、分析和处理工作，并在规定时间内上报有关部门。

（6）财务部 HSE 职责

在编制基本建设和工程费用计划的同时，编制安全技术措施费用计划，确保资金到位，监督安全生产资金专款专用；保证事故隐患治理费用、HSE 教育费用等资金到位；保证劳动防护用品、夏季防暑降温饮料、冬季姜汤热茶的开支费用。

（7）生产准备部的 HSE 职责

参与“三同时”审查；组织编制《PBC 项目生产安全操作规程》；组织联动试车和试生产；制订联动试车和试生产预案并组织实施；负责生产事故处理。

（8）HSE 部 HSE 职责

负责对工程项目实施 HSE 检查及管理；负责入场安全培训和督促施工方进行安全三级教育；检查作业票证，对双边作业加强管理；检查监督现场人员劳保用品的穿戴情况；对各种作业施工过程实施安全检查与监督，督促各项 HSE 措施的落实；做好现场 HSE 执行情况检查，纠正违章指挥、违章作业，对现场查出的安全隐患，责令并督促承包商立即整改，并做好记录；对各种作业施工过程中的生态环境保护实施检查与监督，督促各项环境保护措施的落实；对工程项目有关射线探伤作业进行审批，保证射线探伤作业符合国家有关规定；配合监理对射线探伤作业过程实施检查与监督，督促各项措施的落实；定期完成相关 HSE 档案的记录与整理工作，做好 HSE 管理台账；负责 HSE 事故的调查、处理及上报，监督事故整改情况。

（9）质量部 HSE 职责

检查督促包括 HSE 设施在内的工程质量始终处于受控状态，满足企业对包括 HSE 设施在内的建设工程质量要求；参与施工图及 HSE 设施“三同时”审查，对 HSE 设施工程质量进行监督检查，确保项目 HSE 设施与主体工程同步完工投用；在履行质量监督管理职责过程中，坚决制止违反 HSE 要求的做法，严禁违章指挥、违章作业；确保自身在履行质量监督管理职责过程中符合 HSE 的各项要求。

2. 监理单位 HSE 职责

（1）项目监理 HSE 职责

审查施工组织设计中的安全技术措施或者专项施工方案是否符合工程建设强制性标准；审批承包单位编制的基坑支护、脚手架搭设、爆破、拆除、大件吊装等高风险的施工方案及 HSE 措施；巡查发现隐患时应通知承包商整改，有严重隐患未整改的应暂停施工；按照法律法规和工程建设强制性标准开展安全督查工作并负监理责任。

(2)项目总监 HSE 职责

组织审查施工方报送的施工组织设计(或施工方案)是否符合承包合同中有关 HSE 的要求;指导和检查 HSE 工程师的工作;现场巡查,检验施工工地 HSE 执行情况;参与工程项目有关 HSE 配套工程,检查“三同时”进展情况。

(3)HSE 工程师职责

检查施工方 HSE 体系运行情况并加强现场督查,严重不符合体系要求时下达停工令并报告建设单位;配合 HSPMT 开展入场培训和监督承包商进行三级安全教育;做好施工区域有关作业票证审批及执行情况的监督检查;对外来施工人员的劳保用品穿戴情况实施监督,对不符合要求者,要求立即整改;做好现场 HSE 执行情况检查,纠正“双违”,对现场查出的安全隐患,责令并督促承包商立即整改,并做好记录;对各种作业施工过程中的生态环境保护实施检查与监督,督促各项环境保护措施的落实;对工程项目有关射线探伤作业进行审批及检查,保证射线探伤作业符合国家有关规定。

3. 承包商 HSE 职责

(1)承包商 HSE 职责

建立健全安全生产责任制度和安全生产教育培训制度,设立安全资金,加强安全检查并做好记录;负责施工安全,落实安全生产各项制度;对列入建设工程概算的 HSE 措施所需费用使用情况进行督查;按要求成立 HSE 机构和配备人员;检查特殊工种作业人员是否做到持证上岗。承包商应在施工组织设计中编制安全技术措施和施工现场临时用电方案,对达到一定规模的危险性较大的分部分项工程编制专项施工方案,并附安全验算结果,经承包商技术负责人、监理工程师签字后实施,由专职 HSE 管理人员进行现场监督。对专项施工方案,承包商应组织专家进行论证、审查。承包商应在施工现场入口处,施工起重机械、临时用电设施、脚手架旁,出入通道口、楼梯口、基坑边沿、爆破物及有害危险气体和液体存放处等危险部位,设置明显的安全警示标志,安全警示标志必须符合国家标准。承包商应根据不同施工阶段和周围环境及季节、气候的变化,在施工现场采取相应的安全施工措施。承包商对因建设工程施工可能造成损害的毗邻建筑物、构筑物和地下管线等,应采取专项防护措施。承包商应遵守有关环境保护法律法规的规定,在施工现场采取措施,防止或者减少粉尘、废气、废水、固体废物、噪声、振动和施工照明对人和环境的危害和污染。承包商应在施工现场建立消防安全责任制度,确定消防安全责任人,制订用火、用电、使用易燃易爆材料等各项消防安全管理制度和操作规程,设置消防通道、消防水源,配备消防设施和灭火器材,并在施工现场入口处设置明显标志。承包商应向作业人员提供安全防护用具和安全防护服装,并书面告知危险岗位的操作规程和违章操作的危害。承包商采购、

租赁的安全防护用具、机械设备、施工机具及配件，应具有生产(制造)许可证、产品合格证，并在进入施工现场前进行查验；《特种设备安全监察条例》规定的施工起重机械，在验收前应当经有相应资质的检验检测机构监督检验合格。承包商应自施工起重机械和整体提升脚手架、模板等自升式架设设施验收合格之日起30 日内，向建设行政主管部门或者其他有关部门登记，登记标志应当置于或者附着于该设备的显著位置。承包商应为施工现场从事危险作业的人员办理意外伤害保险。

(2)承包商项目经理 HSE 职责

项目经理对该项目的 HSE 全面负责；认真贯彻执行国家、地方政府和企业安全生产方针、政策、法令和指示，贯彻执行各项安全规章制度，主持召开安全例会，及时解决重大 HSE 问题；负责组织项目 HSE 管理体系的建立及实施工作，合理组织资源配置，并保证合理分配和有效利用；组织重大事故的调查、分析和处理，并及时上报。

(3)承包商 HSE 经理职责

直接领导本项目安全管理部工作，对本项目 HSE 管理工作负责；按照地方政府、业主、总包商有关规定，组织制订本项目 HSE 管理规定、HSE 技术措施及 HSE 工作计划，并组织实施；组织员工的 HSE 培训与教育，定期进行 HSE 考核；制订 HSE 工作程序，并组织落实；定期主持召开 HSE 例会；审核每月 HSE 工作计划，听取 HSE 工作汇报，协调、解决 HSE 工作中存在的问题；定期组织项目的 HSE 检查，及时进行隐患治理，改善员工工作条件；组织并参与各类事故的调查、分析和处理，并及时上报。

(4)HSE 工程师职责

负责施工现场的 HSE 具体工作；对项目施工人员违反 HSE 规定的行为有停工、停职的权力；参与本项目 HSE 管理规定、作业危险分析(JHA)编制工作；仔细审查施工组织设计中的安全方案并严格检查安全技术交底情况；负责 HSE 培训教育工作，督查施工班组每周安全活动及班前安全会；跟踪项目施工全过程，注重关键环节管理监督，坚持现场每日巡检、旁站监督制度，及时纠正、处罚违章行为；参与本项目 HSE 检查，监督检查隐患整改情况；落实特种特殊作业安全措施；调查处理安全事故。

(5)施工经理 HSE 职责

执行国家、地方政府和企业安全生产方针、政策、法规和标准；保证各项安全、健康、环境标准、制度在本施工队贯彻执行，对本施工安全、健康、环境工作全面负责；组织员工接受安全、健康、环境教育；督促并参加班组周一安全活动和进行班前安全讲话；严格落实 JHA 所要求的措施，组织隐患整改，改善员工工作条件；发生事故立即上报，组织抢救、保护现场，参加事故调查、分析，落实防范措施。

4. 设计部门 HSE 职责

在项目设计时遵循“三同时”原则，在基础设计时贯彻执行国家相关规范，在进行主体设计的同时设计安全、环保、消防、职业卫生设施；通知安全、环保、消防、职业卫生等主管部门参与设计审查；确保设计过程中所选用工艺、设备及材料安全、经济、可靠。

3.2.3 HSE 工作措施

3.2.3.1 承包商 HSE 考核及奖惩办法

为保障生产和施工作业的安全、环保、健康，防止事故发生，保护施工人员的安全，确保海沙集团公司海沙石化 40 万吨/年 PBC 项目的顺利建成，促进 HSE 管理工作，特制订项目 HSE 考核及奖惩办法。

1. 安全保证金和 HSE 考核及奖惩

①根据项目工程特点，承包商必须向海沙石化厂 40 万吨/年 PBC 项目财务部缴纳一定数量的安全保证金。

②承包商在施工期内无违章违规现象，工程项目结束后，安全保证金将全部返还，并适当给予奖励。

③对于承包商所管辖区域内的施工人员或管理人员违章扣款，必须在收到“扣款通知书”后 5 天内将扣款交到海沙石化厂 40 万吨/年 PBC 项目财务部，否则将从安全保证金中加倍扣罚。

2. 严格执行《海沙集团公司安全生产禁令》

①严禁在禁烟区域内吸烟、在岗饮酒，违者予以清除施工现场并对所在单位扣款 200 元/次。

②严禁高处作业不系安全带，违者予以清除施工现场并对所在单位扣款 500 元/次。

③严禁无操作证从事电气、起重、电气焊作业，违者予以清除施工现场并对所在单位扣款 500 元/次。

④严禁工作中无证或酒后驾驶机动车，违者予以清除施工现场并对所在单位扣款 500 元/次。

⑤严禁违反操作规程用火、进入受限空间、进行临时用电作业，违者给予扣款 200 元/人次并责令离岗培训 1 天；造成后果的，予以清除施工现场。

⑥严禁负责放射源、火工器材的监护人员擅离岗位，违者给予扣款 200 元/人次并责令离岗培训 1 天；造成后果的，予以清除施工现场。

3. 现场施工作业管理

①不按规定着装或不穿戴劳动保护用品或穿戴不正确的，扣款 100 元/人次。

②拒不接受 HSE 管理人员监督检查的予以驱离施工现场。

③用火监护人不在现场擅自违章用火作业者扣款 200 元/次。

④机动车辆没有办理有关票证擅自进入易燃易爆区扣款 200 元/次；机动车辆在厂区或施工区超速(大于 20 km/h)行驶扣款 200 元/次。

⑤使用超期作业票，超出作业票规定范围的扣款 300 元/次。

⑥未经批准在易燃易爆区使用易燃材料搭建临时工棚或工具房，或未按指定地点摆放的扣款 200 元/次。

⑦未办理高空作业票而进行高空作业的扣款 200 元/次；高空作业抛扔工具物品的扣款 500 元/次；脚手架未经验收挂牌使用的扣款 200 元/次。

⑧施工人员未经安全教育上岗的扣款 200 元/人次。

⑨进行射线作业未办理手续或未进行安全警示的扣款 1000 元/次。

⑩违反起重吊装作业安全管理规定的扣款 500 元/次，造成事故的根据严重程度及造成损失大小扣款 2000~5000 元/次。

⑪违反安全用电管理规定，临时用电没办理临时用电票的扣款 200 元/次。

⑫根据未审查批准的施工方案擅自施工的，未按审批意见修改而动工的，或违反其他有关安全规定、安全措施不落实的扣款 200 元/次。

⑬乱拉乱接电线或线路不符合安全规定的扣款 200 元/次。

4. 现场文明施工管理

①搭建临时工棚所用竹竿必须具有一定强度，棚檐高度必须在 2 m 以上，外露不得超过 200 mm，工棚必须牢固、整洁干净，发现不合规格或不牢固的，责令其进行整改，不整改的扣款 200 元/次。

②施工作业现场电焊和接线配电箱未按规定摆放，扣款 100 元/次。

③检修施工现场工具柜(箱)不按规定摆放扣款 50 元/次。

④携带香烟、火种进入禁烟区内扣款 100 元/次。

⑤施工中脚踏仪表箱、电缆线杆、工艺阀门等扣款 100 元/次，造成事故或损失的除按损失赔偿外，另按事故处理办法进行扣款。

⑥施工现场乱堆乱放，未按规定清理的扣款 100 元/次。

⑦危险区域或地方未设安全警示牌、起吊作业未设警戒线或无关人员进入警戒范围的扣款 200 元/次。

⑧对施工过程中所用化学品等废料污染环境的扣款 500~1000 元/次。

⑨对承包商安全负责人和有关人员违反有关规定的加倍处罚。

5. 对施工人员造成事故的处理

①由违章施工造成工伤事故、经济损失5万元以上50万元以下的对责任人扣款5000元。

②由违章施工造成伤亡的对责任人除按“四不放过”原则处理外，再扣款1000元/次。

③经济损失50万元以上时扣款3万~5万元。

④由失职或不负责造成重大事故的由上级有关部门处理，触犯刑律的由司法机关处理。

6. 有关管理规定和HSE月报及教育情况

①无安全施工措施或无安全方案进行施工的，扣款300元/次。

②无HSE管理制度及员工培训制度扣款100元/次。

③需要上报的资料不报或检查无资料者扣款100元/次。

④不按时上报HSE月报，不参加项目部组织的安全大检查和周例会、月例会，扣款100元/次。

⑤现场施工人员应听从海沙石化厂40万吨/年PBC项目HSE部、工程部等单位的HSE检查和监督，如不听劝阻、态度蛮横将加倍处罚。

⑥无视本规定造成事故者均加倍处罚，并令其停止施工，进行整改。

7. 对HSE管理先进的单位将给予表扬及适当的奖励

①对坚持原则，秉公执法或举报违章的单位或个人，给予100~500元奖励。

②对发现重大事故隐患并及时报告或处理，避免了重大事故或使事故灾害损失程度降低的单位或个人，给予200~3000元奖励。

3.2.3.2 安全教育

1. 安全教育与考试

承包商进入现场施工人员清单及人员身份证复印件同时报监理单位和HSPMT，须经HSPMT、承包商HSE部、施工班组三级安全教育合格，并记录成绩。

2. 凭证入场与检查

经HSPMT培训考试合格人员，由HSPMT制作并发放现场临时出入证。施工人员凭出入证进入施工现场。

HSE培训记录表如表3-1所示。

表 3-1　HSE 培训记录表

工程项目名称：

培训时间：　年　月　日			HSPMT 项目部	项目监理
授课人				
培训内容：				
序号	姓名	性别	工种	身份证号

3.2.3.3　特种特殊作业施工安全管理规定

1. 破土作业管理规定

一般规定：破土作业前需申领破土作业许可证，破土作业许可证如表 3-2 所示；破土前必须确认破土区域有无地下设施；破土时若发现不明地下设施，应立即停止作业；破土区域应有防护栏以防止无关人员进入；挖掘出的泥土堆放点与挖掘体的距离应大于挖掘深度并大于 1 m，堆积高度低于 1.5 m；设置进/出坑体的爬梯或其他安全通道；夜间破土应有足够照明；设置坑体抽排水系统。

潜在危险：坑体边坡垮塌；坑边重物坠坑；人员车辆掉坑；坑体附近建筑地基裂开或沉降；地下设施遭损坏。

人工破土：坑壁筑成稳定斜坡或支护牢固；大型坑体内应设 2 个安全出口；若坑体内可能产生有害气体，则应实施监测。

大型机械破土：大型机械应经检查张贴使用通行证后方可进入现场；工前检查大型机械，状态完好方可投入使用；大型机械工作时应有持证人员指挥；破土前再次确认有无地下设施；大型机械破土作业离地下设施 1 m 时应改成人工破土直到地下设施被识别；加强破土区管理，防止无关人员闯入。

表 3-2　破土作业许可证

<table>
<tr><td>工程名称</td><td colspan="2"></td><td colspan="2">承包商</td><td colspan="2"></td></tr>
<tr><td>施工地点</td><td colspan="2"></td><td colspan="2">作业负责人</td><td colspan="2"></td></tr>
<tr><td>作业内容</td><td colspan="6"></td></tr>
<tr><td>作业时间</td><td colspan="6">年　　月　　日　　时至　　年　　月　　日　　时</td></tr>
<tr><td colspan="5">作业安全措施</td><td>打√</td><td>确认人</td></tr>
<tr><td colspan="5">1. 电信(电力)电缆已确认，保护措施已落实</td><td></td><td></td></tr>
<tr><td colspan="5">2. 地下天然气管线、供排水管线、消防水管线、生产工艺管线已确认，保护措施已落实</td><td></td><td></td></tr>
<tr><td colspan="5">3. 已按施工方案图完成画线</td><td></td><td></td></tr>
<tr><td colspan="5">4. 作业现场围栏、警戒线、警示牌、夜间警示灯已按要求设置</td><td></td><td></td></tr>
<tr><td colspan="5">5. 沟、坑、槽进行放坡处理或设固壁支撑</td><td></td><td></td></tr>
<tr><td colspan="5">6. 道路施工作业已报交安办、调度控制中心、安全环保部</td><td></td><td></td></tr>
<tr><td colspan="5">7. 边坡有无裂纹、落土、支撑折断、变形等已确认，措施已落实</td><td></td><td></td></tr>
<tr><td colspan="5">8. 沟、坑、槽等通风良好，窒息气体、有毒气体已确认，措施已落实</td><td></td><td></td></tr>
<tr><td colspan="5">9. 悬空、凸出、易脱落的石(土)块已确认，措施已落实</td><td></td><td></td></tr>
<tr><td colspan="5">10. 夜间作业照明充足</td><td></td><td></td></tr>
<tr><td colspan="5">11. 已对作业人员进行安全教育</td><td></td><td></td></tr>
<tr><td colspan="7">补充安全措施：</td></tr>
<tr><td colspan="7">危害识别：</td></tr>
<tr><td>承包商负责人签名</td><td></td><td colspan="2">承包商 HSE 负责人签名</td><td colspan="3"></td></tr>
<tr><td colspan="2">施工区域所属单位意见：</td><td colspan="2">签名：</td><td colspan="3">日期：</td></tr>
<tr><td colspan="2">监理单位意见：</td><td colspan="2">签名：</td><td colspan="3">日期：</td></tr>
<tr><td colspan="2">PMT 项目负责人意见：</td><td colspan="2">签名：</td><td colspan="3">日期：</td></tr>
</table>

2. 用电作业管理规定

电工应持有相应作业类别(如高压、低压、防爆等)的证件并经 HSPMT 备案。

临时用电申请：承包商应向 HSPMT 提交临时用电申请，临时用电作业许可证如表 3-3 所示；HSPMT 电气工程师应按申请安排电缆敷设到用电位置；HSPMT 电气工程师批准临时用电申请；承包商电工安排临时供电设施安装，检查电气设备和配电箱并张贴合格证；供电设施经 HSPMT 电气工程师检查确认合格后方可批准使用。

表 3-3　临时用电作业许可证

工程名称		用电申请单位	
用电地点		用电设备及功率	
电源接入点		电压	
用电人		电工证号	
作业负责人		供电执行班组签字	
用电期限：　年　月　日　时　分至　年　月　日　时　分			
延期日期至　年　月　日　时　分			
临时用电安全措施	打√	确认人	
1. 安装临时线路人员持有效电工操作证			
2. 防爆场所使用的临时电源、电气设备达到相应防爆要求			
3. 临时用电线路电压等级符合要求，绝缘测试合格，并采用五线制			
4. 临时用电架空线路不得架设在树上或脚手架上，不得采用裸线，架设高度在装置内不低于 2.5 m，在道路上方不低于 5 m			
5. 暗管埋设及地下电缆线路设有走向标志和安全标志，电缆埋深不得小于 0.7 m			
6. 现场临时用电配电盘/箱有防雨措施，配电箱门能可靠关闭并上锁			
7. 临时用电设施安有漏电保护器，移动工具、手持工具应一机一闸一保护			
8. 行灯电压不得超过 36 V，在特别潮湿场所或塔、罐等金属设备内部不得超过 12 V			
9. 用电设备、线路容量、负荷满足要求			
10. 易燃易爆场所的临时用电作业须办理临时用电作业许可证			

续表3-3

<table>
<tr><td colspan="4">补充安全措施：</td></tr>
<tr><td colspan="4">供电主管部门意见：　　　　签字：</td></tr>
<tr><td colspan="4">用电单位负责人意见：　　　　签字：</td></tr>
<tr><td colspan="2">供电执行班组：</td><td colspan="2">用电人：</td></tr>
<tr><td rowspan="4">用电
开始</td><td>送电人：</td><td rowspan="4">用电
结束</td><td rowspan="2">停电人：</td></tr>
<tr><td>年　月　日　时　分</td></tr>
<tr><td>用电执行人：</td><td rowspan="2">年　月　日　时　分</td></tr>
<tr><td>年　月　日　时　分</td></tr>
<tr><td>临时用电设备已拆除</td><td>确认人：</td><td colspan="2">年　月　日　时　分</td></tr>
</table>

承包商责任：供电设施使用时出现任何问题，应整改后再使用；供电设施暂停使用时(如下班、工序转换)应切断电源并锁上配电箱；重启供电设施前应检查用电设备设施是否正常；供电设施由持证人员专人维护、持证电工处理故障；每天检查维护供电设施并做好记录。

临时电源使用要求：供电电压应与临时用电设备、工具和线路匹配，应有漏电保护器和接地保护；低压临时用电设备采用三相五线制；配电箱低压出线及其他临时用电线应采用绝缘铜芯线；电缆地下敷设时地面每 20 m 设红白相间混凝土桩对应地下电缆走向；电缆不能直接敷设在地上，或埋地或架空，埋地深度、架空高度和穿越公路均应符合要求；临时用电设施、配电盘和配电柜应予编号并有防雨措施。

3. 高处作业管理规定

高处作业前应按作业高度办理相应级别的高处作业许可证(表 3-4)、拉设警戒线，高处作业人员应健康，血压正常；作业前应按规定进行施工组织设计交底和安全技术交底；作业时监护人到位，作业人员着装符合要求并正确系挂安全带；高处作业时严禁高空抛物，防止物件掉落；交叉高处作业时应设层间安全防护层；脚手架搭设应符合要求，使用前应验收并悬挂验收合格证；供高处作业人员上下脚手架的设施应完好可靠；架空作业时应有专人监护，梯子完好、架设正确并保持双人扶梯；软梯应牢固系挂，软梯上限 1 人作业；危险边缘作业时临空一面应有安全防护；极端天气时严禁露天高处作业；高处作业许可证应在有效期内使用，作业中断再次作业前应重新进行条件确认；夜间高处作业应有照明措施并加强防护与监护。

表 3-4　高处作业许可证

<table>
<tr><td>申请作业单位</td><td colspan="2"></td><td colspan="2">承包商现场负责人</td><td colspan="2"></td><td>作业区域</td><td></td></tr>
<tr><td>作业部位及内容</td><td colspan="8"></td></tr>
<tr><td>作业级别
（高度）</td><td>1 级
（2~5 m）</td><td></td><td>2 级
（5~15 m）</td><td></td><td>3 级
（15~30 m）</td><td></td><td>特级
（>30 m）</td><td></td></tr>
<tr><td>作业时间</td><td colspan="8">年　月　日　时　分至　年　月　日　时　分</td></tr>
<tr><td rowspan="4">作业人</td><td>姓名</td><td colspan="2">工种</td><td rowspan="4">监护人</td><td colspan="2">姓名</td><td colspan="2">工种</td></tr>
<tr><td></td><td colspan="2"></td><td colspan="2"></td><td colspan="2"></td></tr>
<tr><td></td><td colspan="2"></td><td colspan="2"></td><td colspan="2"></td></tr>
<tr><td></td><td colspan="2"></td><td colspan="2"></td><td colspan="2"></td></tr>
<tr><td colspan="7">作业安全措施</td><td>打√</td><td>确认人</td></tr>
<tr><td colspan="7">1. 作业人员身体条件符合高处作业安全管理规定的要求</td><td></td><td></td></tr>
<tr><td colspan="7">2. 作业人员必须戴好安全帽/衣着要灵便，禁止穿硬底和带钉易滑的鞋</td><td></td><td></td></tr>
<tr><td colspan="7">3. 作业人员正确使用符合国家标准的安全带（绳），严禁用绳子捆在腰部代替安全带</td><td></td><td></td></tr>
<tr><td colspan="7">4. 工作点下方应设安全警戒线和警示标态，严禁人员通行和逗留</td><td></td><td></td></tr>
<tr><td colspan="7">5. 现场搭设的脚手架、防护围栏符合安全规定，跳板扎丝结头应打弯向下</td><td></td><td></td></tr>
<tr><td colspan="7">6. 上下垂直交叉作业时，层间必须设有防止物体坠落的安全措施</td><td></td><td></td></tr>
<tr><td colspan="7">7. 在轻质、脆性物面等不承重物上作业应搭设固定承重板，并站在承重板上</td><td></td><td></td></tr>
<tr><td colspan="7">8. 在直立梯、人字梯等上作业，必须有防滑、防倾覆等措施</td><td></td><td></td></tr>
<tr><td colspan="7">9. 在危险的边缘进行工作，临空面应加设安全网或防护栏杆</td><td></td><td></td></tr>
<tr><td colspan="7">10. 夜间作业必须有足够的照明，必要时设红灯警示</td><td></td><td></td></tr>
<tr><td colspan="7">11. 高处作业场所与架空电线保持规定的安全距离</td><td></td><td></td></tr>
<tr><td colspan="7">12. 雨天作业应有可靠的防滑措施</td><td></td><td></td></tr>
<tr><td colspan="7">13. 特级高处作业配备通信器材</td><td></td><td></td></tr>
<tr><td colspan="7">14. 佩戴正压式长管呼吸器或空气呼吸器</td><td></td><td></td></tr>
<tr><td colspan="9">补充安全措施：</td></tr>
<tr><td colspan="9">危害识别：</td></tr>
<tr><td colspan="3">承包商作业负责人意见：

签名：</td><td colspan="3">承包商 HSE 工程师意见：

签名：</td><td colspan="3">HSE 监理工程师意见：

签名：</td></tr>
</table>

4. 吊装作业管理规定

起重指挥人员和起重机械操作人员应持相应操作证；使用单位应按照国家标准对起重机械进行日检、月检和年检；检查机械与工器具，确认状态完好；大型吊装应有经审查合格的吊装施工方案；划定并隔离吊装区域；安全措施落实到位；正式起吊前应试吊，试吊过程中检查全部机具、地锚受力情况；吊装过程中发现故障，应立即向指挥者报告，没有指挥令，任何人不得擅自离开岗位；按指挥信号操作，对于紧急停车信号，不论何人发出，均应立即执行；作业期间，起重臂、吊钩或吊物下面不能有人；严禁使用起重机或其他起重机械起吊超载或重量不清楚的物品和埋置物体；作业时应确保视线清楚、信号准确；与输电线路保持足够的安全距离；遇 6 级以上大风或大雨、大雾等恶劣天气时，不得从事露天起重作业；吊挂重物时，起吊绳、链所经过的棱角应加衬垫。

5. 焊接、切割和打磨作业管理规定

(1) 总体要求

焊接作业应持有资格证；作业人员应按规定穿戴好个人 PPE；作业时应有作业监护人；应配备符合要求的灭火器。

(2) 焊接作业

作业前检查所有电缆、接头和焊把是否完好；电焊设备应正确接地；高处焊接作业时，应采用防火布接住火星或飞溅物；焊材应处理合格，配备焊条保温桶、焊接头子收集桶；雨天焊接应有防雨措施。

(3) 切割作业

切割防护用具配备到位；氧气瓶、乙炔瓶、氧气管、乙炔管应完好，配件应齐全；氧气瓶、乙炔瓶现场安全间距 7 m 且距离明火大于 10 m。

(4) 打磨作业

进入现场的手提砂轮应完好；更换砂轮片时要切断电源；使用砂轮机时佩戴安全眼镜；与易燃物保持一定的安全间距；现场配备合适的灭火器。

6. 用火作业管理规定

用火作业应按规定办理许可证(用火作业许可证如表 3-5 所示)，用火现场一点一票，不得超区域超期限使用；用火前应取样分析合格；现场配备符合要求的灭火器；用火期间在规定半径内不允许排放相应物料；乙炔瓶应有回火防止器；严格执行“三不用火”。

表 3-5　用火作业许可证(　　级)

<table>
<tr><td colspan="2">申请单位</td><td colspan="3"></td><td colspan="2">作业地点</td><td colspan="3"></td></tr>
<tr><td colspan="2">承包商</td><td colspan="3"></td><td colspan="2">承包商现场负责人</td><td colspan="3"></td></tr>
<tr><td colspan="3">用火装置、设备
部位及作业内容</td><td colspan="7"></td></tr>
<tr><td colspan="2">作业时间</td><td colspan="8">年　月　日　时　分至　年　月　日　时　分</td></tr>
<tr><td rowspan="4">用火人</td><td>姓名</td><td colspan="2">工种</td><td rowspan="4">监护人</td><td colspan="2">姓名</td><td colspan="3">工种</td></tr>
<tr><td></td><td colspan="2"></td><td colspan="2"></td><td colspan="3"></td></tr>
<tr><td></td><td colspan="2"></td><td colspan="2"></td><td colspan="3"></td></tr>
<tr><td></td><td colspan="2"></td><td colspan="2"></td><td colspan="3"></td></tr>
<tr><td colspan="3">用火部位内部原有介质</td><td colspan="3"></td><td>用火分析介质</td><td colspan="3"></td></tr>
<tr><td rowspan="2">取样时间及分析结果</td><td>设备内</td><td></td><td colspan="2">1、___%(VOL)</td><td colspan="2">2、___%(VOL)</td><td rowspan="2">分析人签字</td><td colspan="2"></td></tr>
<tr><td>大气</td><td></td><td colspan="2">1、___%(VOL)</td><td colspan="2">2、___%(VOL)</td><td colspan="2"></td></tr>
<tr><td colspan="2">申请用火时间</td><td colspan="8">年　月　日　时　分至　年　月　日　时　分</td></tr>
<tr><td colspan="8">用火安全措施</td><td>打√</td><td>确认人</td></tr>
<tr><td colspan="8">1. 用火设备内部的物料倒空放净，内部物件清理干净，置换、清洗分析合格</td><td></td><td></td></tr>
<tr><td colspan="8">2. 断开与用火设备相连的所有设备、管线，并加装盲板____块</td><td></td><td></td></tr>
<tr><td colspan="8">3. 用火前工艺负责人确认用火部位已做安全处理</td><td></td><td></td></tr>
<tr><td colspan="8">4. 用火点 15 m 半径范围内下水井、地沟、电缆沟等中的可燃物、易燃物已清除</td><td></td><td></td></tr>
<tr><td colspan="8">5. 用火点下方地沟或地面应连续冲水</td><td></td><td></td></tr>
<tr><td colspan="8">6. 用火点周围(最小半径 15 m)的下水井、地沟、电缆沟等中的可燃物检测分析合格，并采取隔离措施</td><td></td><td></td></tr>
<tr><td colspan="8">7. 用火作业点附近放置 CO_2 灭火机____个，干粉灭火机____个</td><td></td><td></td></tr>
<tr><td colspan="8">8. 采用石棉布或金属板等不燃物，对飞溅火花进行有效隔离</td><td></td><td></td></tr>
<tr><td colspan="8">9. 乙炔瓶禁止卧放，与氧气瓶间距大于 7 m；乙炔瓶、氧气瓶与明火距离大于 10 m</td><td></td><td></td></tr>
<tr><td colspan="8">10. 电焊机二次回路线绝缘保持完好，并接在焊件本体上，把线不得穿过下水或与其他设备搭接</td><td></td><td></td></tr>
<tr><td colspan="8">11. 用火期间如遇可燃气体、可燃或易燃液体泄漏，或其他须停火作业的，应立即停止用火</td><td></td><td></td></tr>
</table>

续表3-5

<table>
<tr><td colspan="6">补充安全措施：</td></tr>
<tr><td colspan="6">危害识别：</td></tr>
<tr><td>承包商负责人</td><td></td><td>车间安全员</td><td></td><td>车间主管领导</td><td></td></tr>
<tr><td colspan="6">HSE 监理工程师意见 ：
签名：　　　　日期：</td></tr>
<tr><td colspan="6">安全环保部意见：
签名：　　　　日期：</td></tr>
<tr><td>批准用火时间</td><td colspan="5">年　月　日　时　分至　年　月　日　时　分</td></tr>
</table>

7. 喷砂除锈和涂漆作业管理规定

喷砂作业过程：作业前要确认喷砂设备(含高压软管和接头)完好；现场张贴作业方法陈述和作业危险分析(JHA)；待喷砂管道、设备上的所有开孔应安全保护；作业区域应设置围栏和警告标志；作业过程有专人监督；作业人员穿戴装备符合要求；作业附近其他人员应戴防尘面罩、耳塞等。

涂漆作业过程：作业前进行表面处理；按油漆说明书使用；喷漆区域应设置围栏和警告标志；喷漆区域内应无潜在火源、无动火作业；涂漆现场配备符合要求的灭火器；设置作业区域警示带；高处作业时要铺设防油漆滴落保护布；涂漆作业应主要在涂漆厂房里进行。

8. 钢格栅安装和拆除管理规定

安装和拆除格栅必须办理许可证(钢格栅板安装和拆除作业许可证，如表3-6所示)；拆除一段格栅前要在格栅四周安装和固定脚手架防护栏；在作业层所有入口张贴“禁止进入”标志；作业区域下方拉设警戒带。

表3-6　钢格栅板安装和拆除作业许可证

<table>
<tr><td>作业单位</td><td colspan="2"></td><td colspan="2">作业地点</td><td colspan="2"></td></tr>
<tr><td>作业单位现场负责人</td><td></td><td>作业执行人</td><td></td><td>作业监护人</td><td colspan="2"></td></tr>
<tr><td>作业内容</td><td colspan="6"></td></tr>
<tr><td colspan="7">申请作业时间：　年　月　日　时　分至　年　月　日　时　分</td></tr>
<tr><td colspan="5">作业安全措施</td><td>打√</td><td>确认人</td></tr>
<tr><td colspan="5">1. 揭格子板作业，必须先设警戒线，再办理作业票</td><td></td><td></td></tr>
<tr><td colspan="5">2. 揭开的格子板应平稳放置，放置地点应不影响人员通行和作业操作</td><td></td><td></td></tr>
</table>

续表3-6

3. 揭格子板处空洞四周应设置安全围栏，并挂警示牌		
4. 揭格子板作业应连续进行，停止作业应及时将格子板复位，间断作业应重新办理作业许可证		
5. 当班工艺人员必须对本岗位揭格子板作业时间地点进行口头和书面交接班		
6. 作业点下方设安全警戒区，必要时层间设置隔离层，防止落物造成人员伤害或设备设施损坏		
7. 作业现场应设监护人 1 名		
补充安全措施：		
承包商 HSE 负责人意见： 签字：		
HSE 监理工程师意见： 签字：		
批准作业时间：　　年　月　日　时　分至　　年　月　日　时　分		

9. 夜间作业管理规定

所有夜间作业应办理申请表(夜班作业申请表，如表 3-7 所示)，施工现场应配备现场负责人、现场安全主管、现场管理员、电工等；夜间施工应先申请并安排专人监护、指挥；夜间施工现场应设置照明和警示设施。

表 3-7　夜班作业申请表

承包商					
工作时间	年　月　日　时　分至　年　月　日　时　分				
涉及的人员		数量	设备		数量
1	施工负责人		1		
2	技术负责人		2		
3	HSE 负责人		3		
4	工长		4		
5	合格的电工		5		
6	操作员		6		
7	驾驶员		7		

续表3-7

<table>
<tr><td>8</td><td>技术工人</td><td></td><td>8</td><td></td><td></td></tr>
<tr><td>9</td><td>普通工人</td><td></td><td>9</td><td></td><td></td></tr>
<tr><td colspan="2">合计</td><td></td><td colspan="2">合计</td><td></td></tr>
<tr><td colspan="6">工作描述：</td></tr>
<tr><td colspan="6">安全——在所采取的措施前打√</td></tr>
<tr><td></td><td colspan="5">已提供足够的照明</td></tr>
<tr><td></td><td colspan="5">召开班前会议</td></tr>
<tr><td></td><td colspan="5">现场有合格的电工</td></tr>
<tr><td></td><td colspan="5">照明设备有防爆玻璃或保护罩壳</td></tr>
<tr><td></td><td colspan="5">有现场 HSE 负责人</td></tr>
<tr><td></td><td colspan="5">从电源到照明设备或电动工具的电缆有明显的隔离措施</td></tr>
<tr><td></td><td colspan="5">其他安全措施</td></tr>
<tr><td></td><td colspan="5">有车辆/人员进出地方的电缆有保护措施</td></tr>
<tr><td></td><td colspan="5">承包商和工作负责人之间应注明联系方式和联系电话</td></tr>
<tr><td colspan="2">承包商批准</td><td colspan="2">HSE 经理：
年　月　日</td><td colspan="2">施工经理：
年　月　日</td></tr>
<tr><td colspan="2">监理部审核</td><td colspan="4">HSE 工程师：
年　月　日</td></tr>
<tr><td colspan="2">PMT 项目部批准</td><td colspan="2">工程部经理：
年　月　日</td><td colspan="2">HSE 工程师：
年　月　日</td></tr>
</table>

10. 车辆、人员进出厂区管理规定

工程用车按规定办理进入施工现场有关手续及证件；进入施工现场车辆必须按指定路线行驶；进入施工现场机动车辆必须自备 1 具符合要求的灭火器；运输土石、泥砂、混凝土等车辆应封闭良好；现场机动车辆应限速行驶；运出现场的一切物资，应主动接受海沙石化门岗检查。

3.2.3.4　文明施工管理规定

①按照总平面布置图设置搭设各项临时设施、环形消防通道和回车场地。

②施工现场看牌管理，标明工程项目名称，建设单位、监理单位、设计单位、承包商，项目经理和施工经理的姓名，开、竣工日期等。

③施工现场的用电线路、用电设施应按有关规范规程安装和使用，并按照经

审核的施工组织设计进行架设；施工现场应有夜间照明设施。

④施工机械应按照施工总平面布置图规定的位置和线路设置，施工机械入场前应检查、张贴合格标志，并安排专人使用操作。

⑤施工现场行驶路线通畅并设有回车场地，排水设施可靠，消防设施完好备用，场地整洁环保，施工标志清楚。

⑥执行国家有关安全生产的劳动保护的法规，建立安全生产责任制。

⑦做好施工现场安全保卫工作，采取必要的防盗措施，在现场周边设立围护设施，非施工人员不得擅自进入施工现场。

⑧文明施工管理标准：

a. 噪声大的施工项目，不得深夜施工，不影响周边居民的休息。

b. 各类材料按不同类别堆放整齐，保证道路畅通、排水畅通。

c. 施工现场做到硬地坪施工，每天做到工完场清，保持整洁。

d. 各工种要做到工完料尽场地清，保证现场清洁卫生。

e. 冬季做好防冻、防滑工作，雨季做好排水、防涝工作。

3.2.3.5　射线检测作业管理规定

从事射线检测的单位和个人均应有相应资质证，将证件复印后交 HSPMT 备案；射线检测作业前，应明确作业现场联络人，办理射线作业许可证（射线探伤作业许可证，如表 3-8 所示）报送相关单位；射线作业前进行安全防护措施如警戒带拉设范围、警示灯设置、路口专人看护等的再确认；现场人员撤离清场再确认；必须在批准时间内作业。

表 3-8　射线探伤作业许可证

<table>
<tr><td colspan="2">申请作业单位</td><td colspan="6"></td></tr>
<tr><td colspan="2">作业区域</td><td colspan="2"></td><td colspan="2">作业位置</td><td colspan="2"></td></tr>
<tr><td colspan="2">作业时间</td><td colspan="6">年　月　日　时　分至　　年　月　日　时　分</td></tr>
<tr><td colspan="2">射线源类型及数量</td><td colspan="3"></td><td colspan="2">安全距离</td><td></td></tr>
<tr><td colspan="2">探伤负责人</td><td colspan="3"></td><td colspan="2">作业所在单位当班值长</td><td></td></tr>
<tr><td colspan="2">联系电话</td><td colspan="3"></td><td colspan="2">联系电话</td><td></td></tr>
<tr><td rowspan="4">作业人</td><td>姓名（签字）</td><td>资格证号</td><td rowspan="4" colspan="2">现场监护人</td><td colspan="2">姓名（签字）</td><td>资格证号</td></tr>
<tr><td></td><td></td><td colspan="2"></td><td></td></tr>
<tr><td></td><td></td><td colspan="2"></td><td></td></tr>
<tr><td></td><td></td><td colspan="2"></td><td></td></tr>
</table>

续表3-8

<table>
<tr><td colspan="2">安全防护措施</td><td>确认人
(签字)</td><td>确认时间</td></tr>
<tr><td colspan="2">1. 作业单位有辐射工作资质。操作人员持有效《无损检测人员证》《辐射防护培训合格证》和《放射工作人员证》</td><td></td><td>月　日　时</td></tr>
<tr><td colspan="2">2. 射线探伤守护人员 HSE 教育及职业健康体检合格</td><td></td><td>月　日　时</td></tr>
<tr><td colspan="2">3. 射线探伤装置经有资质辐射技术机构检测并提供有效检测报告</td><td></td><td>月　日　时</td></tr>
<tr><td colspan="2">4. 探伤监督区实行全封闭(　)、半封闭(　)或敞开式(　)，设置规范的警戒带</td><td></td><td>月　日　时</td></tr>
<tr><td colspan="2">5. 各相关道路口设置“射线探伤，禁止入内”电离辐射警示标志牌，设置专人警戒，夜间警戒区及各道路口设置红色警示灯</td><td></td><td>月　日　时</td></tr>
<tr><td colspan="2">6. 探伤作业时联系方式：电话(　)对讲机(　)或其他(　)</td><td></td><td>月　日　时</td></tr>
<tr><td colspan="2">7. 补充安全措施：</td><td></td><td>月　日　时</td></tr>
<tr><td colspan="4">探伤现场防护示意图：</td></tr>
<tr><td>作业涉及单位</td><td colspan="3"></td></tr>
<tr><td colspan="2">作业所在单位审核意见
签字：
年　月　日</td><td colspan="2">项目主管部门审核意见
签字：
年　月　日</td></tr>
<tr><td colspan="2">保卫部审核意见
签字：
年　月　日</td><td colspan="2">安全环保部审批意见
签字：
年　月　日</td></tr>
</table>

3.2.4 HSE 文件记录与保存

每周进行 1 次现场联合检查，由 HSPMT、监理方、各承包商负责人、HSE 工程师参加。

每月召开 1 次现场安全领导小组检查会，全面检查 HSE 执行情况。每个承包商第一负责人每 2 个月要至少参加 1 次现场安全检查会。

每季度召开 1 次安全审查会，由项目高层管理人员参加，审查项目 HSE 工作并进行必要的表彰奖励。

HSE 文件及记录：包括 HSE 会议记录，HSE 检查记录，施工隐患整改台账，

HSE 奖惩台账，安全教育台账，承包商 HSE 程序文件备案，施工单位 HSE 管理有关规定备案，承包商分项目安全技术措施，重大工程施工方案审批原件，工程施工项目安全交底记录，如表 3-9 所示。

表 3-9　施工安全交底记录

<table>
<tr><td>工程名称</td><td colspan="5"></td></tr>
<tr><td>分项工程名称</td><td colspan="5"></td></tr>
<tr><td>作业内容</td><td colspan="5"></td></tr>
<tr><td colspan="6">交底内容：</td></tr>
<tr><td>交底人</td><td></td><td>交底地点</td><td></td><td>交底日期</td><td>年　月　日</td></tr>
<tr><td colspan="6">参加交底成员签字：</td></tr>
</table>

3.2.5　事故报告及应急救援管理

3.2.5.1　事故报告程序

1. 事故报告

①事故发生后，事故发生人或发现人应立即用电话、口述等形式向上级报告。遇火灾、爆炸、人身伤亡或中毒事故，应先报火警和急救电话。

②报告内容：事故发生的单位、时间、地点、人员伤亡情况、原因初步分析和已采取的措施等。

③发生人员伤亡或中毒事故，应在保护好事故现场的同时，迅速抢救受伤和中毒人员，并保护好现场，采集影像资料；重特大责任事故现场，未经许可严禁清理。

④HSPMT 主要负责人和部门（HSE 部）接到报告后，要立即开展事故处理。对直接影响施工和职工安全的突发事故，要按照应急预案的要求迅速组成以HSPMT 领导为首的现场指挥部，统一指挥处理。

⑤重伤或死亡事故由海沙石化安全环保部在 24 h 内向上级安监局和集团公司安环部报告。

⑥发生上报集团公司级事故，事故单位应在 15 日内将事故资料报送到HSPMT HSE 部审核后上报海沙集团安环部。

⑦发生重大、特大事故，由 HSPMT 主要领导、HSE 部经理及事故单位主要负责人共同到海沙集团汇报，汇报资料应齐全可靠。

⑧职工个人有权举报不法行为；严禁瞒报、谎报、破坏现场和拒绝提供相关资料。

⑨承包商施工过程中发生重大事故，由承包商自行组织调查，调查结果报HSPMT 备案。

2. 事故调查

①HSPMT HSE 部负责各类事故的协调和统计汇总。

②HSPMT HSE 部负责集团公司级一般事故调查；集团公司安环部负责集团公司级重特大事故调查。

③事故调查流程：明确调查责任部门单位、调查重点，制订调查方案；进入事故现场，勘察和收集证据；听取当事人陈述事故情况并记录；人员伤亡、经济损失情况调查；事故原因分析；事故责任认定；提出处理意见和防范措施；编写事故调查报告，报送相关单位。

3.2.5.2 应急救援管理

1. 成立应急组织

建立应急救援组织机构，落实该机构内各部门职责、承包商职责和主要人员职责。

2. 制订应急救援方案并依据方案进行演练

结合现场实际制订应急救援方案，设置现场急救箱，并进行模拟演练，按撤离程序（图 3-2）撤离。

3. 紧急情况下的应急措施

（1）发生严重伤害和死亡事故

建立应急管理网络（图 3-3）。对伤者立即进行现场急救，拨打急救电话并立即向 HSPMT 报告；设立警戒隔离区；保护好事故现场；进行事故调查处理。

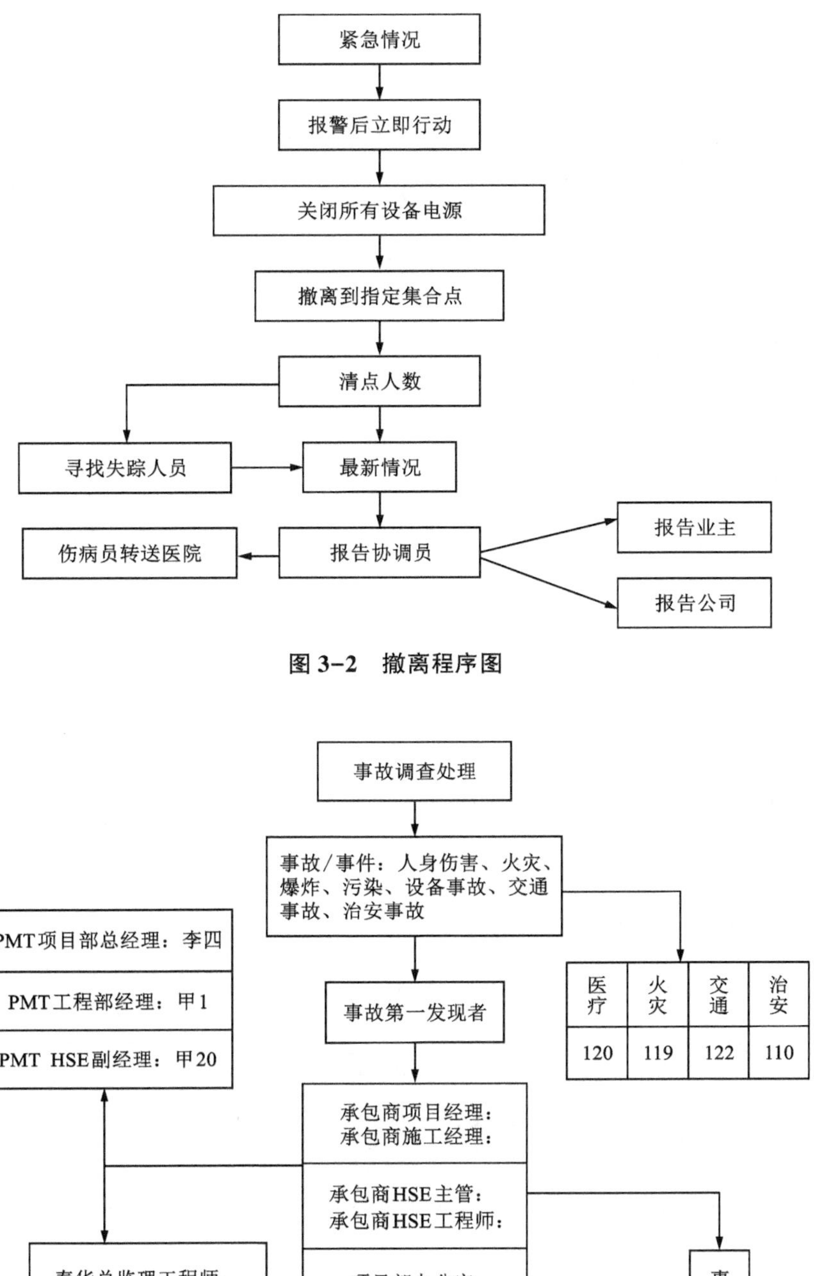

图 3-2　撤离程序图

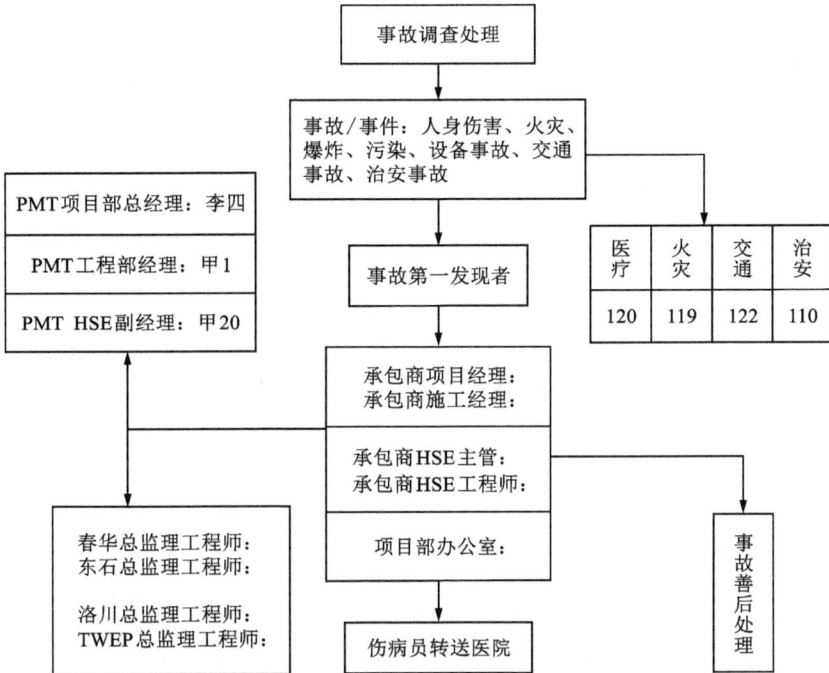

图 3-3　40 万吨/年 PBC 项目应急管理网络

(2)发生火灾

立即扑灭初期火灾，同时拨打火灾报警电话和立即向 HSPMT 报告；组织人员撤离；根据火情指挥灭火；进行事故调查处理。

(3)发生交通事故

立即向 HSPMT 报告；拨打急救电话；利用现场药品箱对人员做初期救护；进行事故调查处理。

3.3 项目质量管理程序

3.3.1 目的

为明确项目参建各方的质量控制职责，规范质量工作流程，加强质量控制管理，完成项目质量目标，特制订该程序。

3.3.2 适用范围

本程序适用于海沙石化 40 万吨/年 PBC 项目建设的质量控制工作。

3.3.3 组织机构和工作职责

3.3.3.1 项目质量控制组织机构

项目质量控制组织机构如图 3-4 所示。

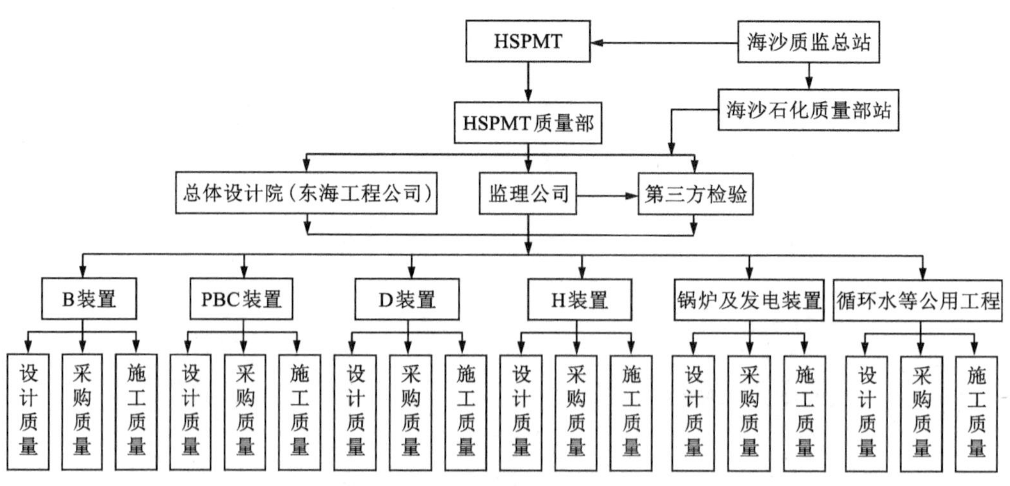

图 3-4 项目质量控制组织机构图

3.3.3.2　参建各方质量管理职责

1. HSPMT 质量部

建立质量管理联络员清单；向海沙质监总站申报办理项目建设质量监督手续；对 40 万吨/年 PBC 项目进行全过程质量控制管理。

制订质量目标、方针和计划，贯彻并督促监理、设计、施工承包商等单位执行。

编写质量保证体系，各参建方履行质量责任，确保质保体系有效运行。

审查各参建方是否有质保体系，督查其有效运行。

组织监理单位审查、批准施工承包商的选择和招标工作。

召开质量例会，开展工程质量检查和“三查四定”验收。

组织单位工程验收、工程中间交接验收及工程交工验收，参与国内外重要设备和项目物资材料采购的技术谈判、合同签订、监造和检验工作。

处理实施过程中发生的质量事故。

2. 设计总包商（东海工程公司）

对整个项目设计的统一性、规范性负责，对设计的完整性、合理性负有全部技术责任。

对东海工程公司、西成工程公司等设计单位贯彻国家质量方针和质量主管部门的意见负有技术把关的责任。

负责各阶段设计质量管理工作并督促落实。

向业主出具设计方对装置施工建设质量及装置“中间交接”的评估意见。

3. 监理单位

审核承包商提交的项目实施计划、施工组织设计和专项施工方案。

审查承包商现场项目管理机构的质量保证体系，督促施工单位严格按照工程承包合同、设计文件，及工程技术标准、规范进行施工，主持工程质量事故的调查，并每月向业主报告，重大质量事故随时向业主报告，对施工质量控制负责。

检查施工单位使用的材料、构配件、设备、工装器具、仪器仪表的质量，并进行必要的常规检查和监控。对业主采购的材料，按规范、标准要求，提出复验计划。受业主委托到制造厂进行设备出厂验收，确保物资供应满足工程质量控制的要求。

对施工单位的工程完成量进行质量确认，作为付款依据。

4. 施工承包商

对所承担的工程按照承包合同的质量要求对施工质量全面负责。

编写项目机构的质量管理保证体系，明确各级质量工作控制工程师的质量责任，确保质量管理保证体系的正常运行。

负责承包范围内的各项质量管理工作，接受和服从项目经理部、海沙集团质量监督总站、项目经理部委托的监理单位和具有资质的第三方检验单位对工程质量的检验、监督和管理，完成各项质量管理工作。

按照项目经理部及监理单位批准的分包计划和认可的承包商进行分包。

组织编制所承担项目的质量计划，在工程开工前报监理单位批准并在项目经理部备案。

负责对质量检查、“三查四改”、中间交接提出的问题进行整改。负责处理试车中暴露的工程质量问题，并协助项目经理部完成竣工验收工作。

对施工使用的材料、构配件、设备、工装器具、仪器仪表的质量负责。

组织质量事故原因调查、评估，提出补救措施和处理意见，出具调查报告。

3.3.4 质量控制的主要内容及工作流程

3.3.4.1 项目质量计划

①承包商应按照质量保证体系的要求，针对具体情况以及监理单位、项目经理部的要求编制项目质量计划。

②质量计划在初始阶段编制，由施工单位项目经理组织编制并经公司主管质量的领导审查批准，报监理单位批准后发布，同时报项目经理部备案。

③在实施过程中，监理单位将按照质量计划的要求对承包商进行监督检查，承包商应根据实际运行情况不断制订改进措施，并做出阶段性小结。

④工程结束时，承包商应向监理单位、HSPMT 提交经项目经理签批的质量计划执行情况总结报告。

3.3.4.2 文件资料控制

1. 项目应控制的文件/资料

①国家、地方政府有关法律法规和海沙集团公司(行业)有关标准、规范。

②质量管理体系文件。

③作为管理和控制依据的合同、协议、图纸、资料，以及项目管理大纲、质量计划、程序文件等。

④项目运行中所有文、函、信件及其电子文档。

2. 项目文件/资料管理流程

①执行“文档控制程序”。

②接收时应进行有效性与完整性审查、分类登记、编号和标识。

③应及时清理并撤出失效、作废的文件/资料，保证项目现场和持有人使用

有效版本。

④文件/资料在项目内部的传递、发放应由文件控制人员执行，传递和发放应有登记和签字。

⑤工程结束时，应按有关人员各自分管的责任，将质量管理体系要求的文件/资料按分类进行整理、归档。

3.3.4.3　质量记录控制

①项目质量记录控制主要包括：质量记录的标识、收集、编目、归档、保管和处理。

②项目质量记录主要包括项目实施的记录及各承包商提供的有关质量记录，包括：

a. 施工承包、设计、采购等合同及其评审记录。

b. 施工招标记录。

c. 施工方提供的质量记录：施工质量计划、质量体系，承包方招标记录，采购设备及材料的质量证明，以及承包方提供的质量计划、质量体系、施工方案、质量目录等。

d. 过程监督、检查、验证记录：质量体系检查、特殊工程上岗资格检查，以及检验、测量、试验设备的检查、工序验收、工程质量检查、工程质量评定等。

e. 不合格评审、处置及纠正措施实施记录。

f. 月度工程质量控制分析记录。

g. 质量专题会纪要。

h. 工程中间交接资料，工程验收资料。

③项目质量记录控制程序，包括：

a. 项目质量记录由专人按质量记录类别、编目、标识保管。

b. 质量记录时应字迹清晰、及时、准确和完整。

c. 质量记录的保管，应防止损坏、变质和丢失；保存，应便于查找。

3.3.4.4　施工质量控制程序

确定质量控制点，审查开工报告，对施工质量进行过程监督、检查和验收是施工质量控制的主要工作内容。

1. 施工质量控制技术准备

①各参建单位的质量控制工程师、专业工程师必须熟悉本工程的项目质量计划，熟悉、了解设计意图；掌握有关施工规范、规程及验收标准；掌握有关的质量评定标准。

②各参建单位的质量控制人员必须熟悉 HSPMT 的质量管理规定（见本节末附件 1），了解国家、东海市建委及石化行业的有关质量管理规定、文件。

③审查、了解施工组织设计(施工方案、技术措施等)与质量有关的内容：

a. 工程概况、工程特点、工期要求、施工部署。

b. 单位工程施工部署和施工方案。

c. 施工质量目标、计划(包含完善的质量保证体系)。

d. 冬、雨季施工技术措施。

e. 采用新工艺、新技术、新材料、新结构的技术措施。

2. 确定质量控制点

质量控制点由参建各方讨论后确定。

(1)设置质量控制点的原则

质量控制点根据重要程度的不同，划分为三个等级：

A 级：重要质量控制点，是确保工程质量的关键。该控制点的工程质量须经HSPMT、监理单位、承包方等三方确认达到认可的标准后，才能转入下一道工序施工。被设定为停监点的工程质量尚需通知质量监督站检查核实。

B 级：较重要的质量控制点，该控制点的工程质量需经监理单位、施工承包方两方专业人员确认。

C 级：一般质量控制点，由施工承包方质量检查部门对其全过程质量进行自行检查控制。

(2)质量控制点设置后的实施要点

①技术交底时强调质量控制点，三级质量控制点划分见本节末附件 2。

②对 A 级质量控制点进行旁站监督。

A 级工程质量控制点：

在确认施工承包方自检合格、有自检记录的情况下，由施工方填写《停检点通知单》报监理单位、项目经理部验收。提前 48 h 向监督组报验并做好陪检。

a. 施工方技术人员应在规定时间内会同监理单位、项目经理部等相关人员对报检项目进行质量检查，如不合格，责令施工承包方在限定时间内进行整改后重新检查；如合格，应按规定及时在交工资料上签字确认，要求确认签字时间不超过 5 个工作日。

b. 如项目经理部人员未在规定时间内到达现场，可委托监理先行履行检查，但应对检查结果予以确认。

c. 如施工方未按规定程序进行报检，监理单位和项目经理部专业工程师有权责令施工方对已隐蔽工程进行剥露或返工处理，否则不予计量。

d. 检查完成后，填写《质量控制点检查统计记录》以防漏检。

B 级工程质量控制点：

a. 在确认施工方已自检合格、有自检记录的情况下，在规定时间内填写《停检点通知单》报监理单位进行质量检查。

b. 如施工方未按规定进行报检，监理单位有权责令施工承包方对已隐蔽工程进行剥露或返工处理。

c. 检查完成后，填写《质量控制点检查统计记录》以防漏检。

C 级工程质量控制点：

施工方技术人员加强现场巡检，发现质量问题，根据情况填写《工作联系单》或《工程质量整改通知单》下发作业队或班组并跟踪整改。

3. 特殊工种持证管理

施工单位焊工，应持焊接项目证到 HSPMT 办理上岗证，并通过项目现场焊工入场考核；其他应持证工种，应持证到 HSPMT 备案。

4. 状态标识管理

管线标识：安装的管线上应有管线号，并易于识别。焊口标识：标识至少包括焊工号、焊口编号。

5. 施工质量检查

(1) 施工质量检查的依据

已会审的施工图、施工说明书及设计变更文件、代材通知单；制造厂的产品说明书、技术规定和检验报告；国家现行的及海沙集团公司在用的施工技术规范、规程。

(2) 原材料成品、半成品质量的检查

工程所用主要材料，进入施工现场时必须具备正式的出厂合格证和材质化验单；施工所用各种构件须具有厂家批号和出厂合格证；监理工程师对标识不清、怀疑或发现有质量问题的材料，按照使用部位和重要程度进行一定比例的见证抽样，由责任单位送有资质的第三方复验，监理工程师跟踪检验情况；原材料、成品、半成品的合格证、试(检)验单或记录的抄件(复印件)，必须注明原件存放单位，并有抄件人、抄件(复印)单位的签字和盖鲜章；凡新材料、新产品、新技术所用材料，应有鉴定证明、产品质量标准、使用说明和工艺要求，使用前必须按其质量标准进行抽样检验；工程所有材料的生产合格证、试验报告或复验报告等，必须经过监理单位专业工程师的验证，否则一律不准使用。

(3) 对施工承包方“三检制”的监督检查

所谓“三检制”就是在施工全过程中，实行施工工人自检、班组交接检(也称互检)和专职检查员的检查。

施工工人自检：

①检查、落实施工承包商的施工班组(岗位组)是否按照施工技术人员的技术交底(施工技术交底)及自检记录表所注明的质量要求、施工验收规范、技术条件、说明书和技术签证等进行施工。

②核查具体的施工实施人员(工人)对该项施工内容的了解程度。

③检查施工人员、班组长对本道工序的自检工作是否完成(包括班组长签字)。

④检查自检记录所填内容与实物质量是否相符。

⑤对无依据、交底不清、未执行自检制度的施工内容应予立即制止，解决后方可继续施工。

班组交接检(也称互检)：

①检查工序交接时，施工人员和施工技术人员的互检工作。

②上道工序的施工者在交接时不仅应认真交清施工质量情况，而且要向接收方提交必要的技术资料(包括实测实量数据、机械故障情况等)。

③检查下一道工序施工者是否按上道工序施工者提供的资料进行了复检。

④对不符合质量要求者，交出方应立即进行处理，不合格的工序不能交接。

⑤经互检合格的工序应办理交接手续，交接双方的施工技术员、检查员必须在交接记录上签字。

⑥已办理好工序交接手续的工序，如再发现质量问题，由接收方负责处理。

质量检查员专职检查：

①施工承包商不同专业应设置相应的专职(含兼职)质量检查员。

②专职质检员对自检、交接检的结果进行认真的核查。

③符合质量要求的，专职质检员应在分项工程质量检查表上签字，并对已核查的内容负责。

④对不符合质量标准的内容，专职质检员有否决权并有权责令其返工。

⑤工序检查中隐蔽工程的检查验收及分部、分项工程的检查验收，必须在有承包方专职质检员签字核查的前提下，通知监理单位专业工程师进行验收。

(4)不定期专业质量检查、质量联合检查

①按各专业的具体特点和各施工阶段不同的重点，由项目经理部、监理单位或质监站不定期地组织专业质量检查。

②参加检查的人员应有：监理单位和项目经理部的施工管理人员、施工承包方专职质检员、技术员、班组长、施工负责人；必要时，也可邀请材料控制工程师、现场施工经理等参加。

③检查内容：本专业范围内的所有施工内容。

(5)定期组织施工质量大检查

①每月一次的质量大检查活动，由项目工程部、监理单位或质量监督站负责组织。

②参加人员：监理单位、HSPMT、质监站质量控制工程师、各专业工程师、安全工程师；各施工承包方工程负责人、专职质检员、技术员等。

③检查结束后，由监理单位负责编制《每月质量检查报告》，并上报质量监督站、项目经理部。

6. 施工质量验收

(1) 施工质量验收

包括工序检查验收；隐蔽工程验收；分项、分部单位工程验收；交工资料验收；中间交接验收。

(2) 工序检查验收

验收内容包括工序施工所需一切技术资料是否齐备；原材料、成品、半成品质量如何；施工机具性能、状态是否满足要求；施工人员是否符合岗位要求；上道工序交接检验结果是否合格；本道工序质量是否合格。

(3) 隐蔽工程验收

隐蔽工程验收是指工序施工需隐蔽的分项、分部工程，在其隐蔽前必须经过的验收。隐蔽工程验收的确认内容，除与工序检查验收相同的部分外，还必须在施工承包方的专职质检员确认隐蔽工程验收记录内容的前提下，由业主现场专业工程师、监理工程师对以上内容进行复验，并签字认可。隐蔽工程验收不合格的分项、分部工程，严禁转入下道工序的施工。

(4) 分项、分部、单位工程质量评定及验收

分项工程质量等级与评定标准：分项工程的质量分"合格""优良"两个等级。

合格：保证项目必须符合相应的质量检验评定标准的规定，基本项目抽检处(件)应符合相应检验评定标准的合格规定；允许偏差项目抽检的点数中，建筑工程 70%及以上、设备安装工程 80%及以上的实测值应在相应的质量检验评定标准的允许偏差范围内。

优良：保证项目必须符合相应的质量检验评定标准的规定，基本项目每项抽检处(件)应符合相应检验评定标准的合格规定，其中有 50%及以上的处(件)符合优良规定，优良项数应占检验项数的 50%及以上；允许偏差项目抽检的点数中，有 90%及以上的实测值应在质量检验评定标准的允许偏差范围内。

分部工程质量等级与评定标准：分部工程的质量分"合格""优良"两个等级。

合格：所含分项工程质量全部合格。

优良：在合格规定的基础上，其中有 50%及以上的分项工程为优良(建筑、设备安装工程中，必须含指定的主要分项工程)。

单位工程质量等级与评定标准：单位工程的质量分"合格""优良"两个等级。

合格：所含分部工程的质量全部合格；质量保证资料齐全；观感质量的评定百分率达到 70%及以上。

优良：所含分部工程的质量应全部合格，其中 50%及以上为优良，建筑工程必须含主体和装饰分部工程，以建筑、设备安装为主的单位工程，其指定的分部

工程必须为优良；质量保证资料基本齐全；观感质量的评定百分率达到85%及以上，室外的单位工程不进行观感质量评定。

分项、分部、单位工程质量评定及验收的依据：

①施工图纸和有关技术文件。

②所涉及的有关施工标准规范。

③国家及建设部颁发的《工程质量检验评定标准》。

④技术规定。

评审人员：

①分项工程质量应在施工承包方班组自检的基础上，由施工承包方单位工程负责人组织有关人员评定，专职质量检查员(含兼职)负责核定。

②分部工程质量由施工承包方的技术负责人组织评定，专职质量检查员核定，监理工程师和质量控制工程师进行核审。

③单位工程质量评定由施工承包方、监理单位和项目经理部工程管理有关人员参加，进行小组评定，质量监督站核定。

(5)交工资料验收

验收依据：

①土建工程按东海市建委有关交工技术文件规定或按合同规定执行。

②安装工程按海沙集团公司《工程建设交工技术文件规定》执行。

③涉及电力行业的内容，执行电力行业的交工技术文件规定或合同规定。

参加验收人员：项目经理部施工技术、质量负责人，监理单位总监，施工承包单位技术、质量负责人。

(6)中间交接验收

中间交接验收是工程施工的结束，由项目经理部组织项目参建各方有关人员向海沙石化有关车间办理中间交接手续。

7. 施工产品标识和可追溯性

施工承包方应按施工承包合同要求编制施工产品标识和可追溯性的实施办法并在施工过程中予以实施。监理单位负责检查。

8. 施工过程检验和试验状态控制

施工承包方应按施工承包合同要求编制施工过程检验和试验状态控制的实施办法，并在施工过程中予以实施。监理单位负责检查。

9. 对施工承包方检验、测量和试验设备的控制

施工承包方应对其用于工程的检验、测量和试验设备进行检定管理，保证这些设备均在有效期内且检定合格。监理单位负责检查。

10. 控制施工不合格品

施工单位和监理单位按 ISO9000 程序文件和作业文件的要求对施工不合格品项进行控制，施工单位应制订有效的对施工不合格品项的控制办法并在施工中予以落实。

11. 重大质量事故处理

(1)定义

重大质量事故是指在施工过程中由于责任过失造成建筑物倾斜、结构开裂、倒塌或报废，机械设备毁坏，以及严重影响装置及相应系统的使用功能，影响结构安全和生产安全，造成生产工艺不合理或者重大经济损失的质量事故。

(2)质量事故的频次

同一操作过程的分项、分部工程在同一次施工中发生的质量事故算一次。

机械设备安装工程中，以单体设备所发生的同一性质的质量事故算一次。

质量事故经处理后，如仍不符合质量标准，不应重复计算事故次数，但应累计其经济损失。

质量事故的经济损失应按当地单价的施工预算直接费计算，不计废品的残值。

(3)质量事故处理方法

事故发生后，事故所属的施工承包方必须立即口头或电告监理单位和项目经理部，同时书面提交工程质量事故报告表。

项目经理部组织监理单位、施工承包方有关人员进行事故调查和鉴定。

重大质量事故的调查和处罚细则按国家及建设部有关规定执行。

事故的经济损失由责任单位全部承担。

对事故的处理要做出全面决定，并上报上级有关部门备案。

12. 组织有关质量问题专题会

①施工质量问题专题会是在施工过程事前、事中或事后为预防或解决施工质量问题而组织召开的专题会。

②一般质量专题会由监理单位主持召开。

③重大的质量专题会由项目经理部、质监站或监理单位主持。

④质量专题会的参加单位、人员和会议时间，由组织者视具体情况确定。

⑤会议主要议题：

a. 质量问题概况。

b. 原因分析。

c. 制订预防、解决质量问题的技术方案(措施)。

d. 方案论证。

e. 实施条件落实。

f. 结论。

⑥会议内容形成会议纪要，并经与会各方确认后，由主持召开的单位负责人签发。

13. 监理单位编制工程质量月报

①工程质量月报作为工程建设月报的组成部分，由监理单位质量控制工程师组织编写，每月 25 日报项目经理部。

②工程质量月报的编制内容：分部、分项工程验评情况；施工检验、试验和测量情况；质量事故及处理情况；暂停施工指令执行情况；本月工程质量分析；产生不合格品或质量事故的原因，质量对策及处理措施；本月质量控制结论，包括对本月工程质量的评价、质量管理工作情况、存在问题及建议。

14. 质量管理相关报表

质量管理相关报表见本节末附件 3(表 3-11 至表 3-16)。

附件 1　海沙石化 40 万吨/年 PBC 工程施工质量管理规定

1　目的

为了规范海沙石化 40 万吨/年 PBC 工程的施工质量管理工作，特制订本规定。

2　编制依据

建设工程质量管理条例(国务院令第 279 号)。

建设工程勘察设计管理条例(国务院令第 293 号)。

石油化工建设工程项目管理规范(SH/T 3903—2017)。

石油化工建设工程项目交工技术文件规定(SH/T 3503—2017)。

3　适用主体

各参建单位(监理单位，设计、施工及检测等单位)在工程建设的全过程，应严格按照已建立的、经权威机构认证的符合 ISO9000 的质量管理体系与程序运行，同时还必须满足本规定中的要求。

4　质量管理目标

海沙石化 40 万吨/年 PBC 工程质量管理目标是工程质量全部合格，争取达到优质工程。具体要求是：按照国家和行业颁发的施工质量验收标准对施工质量进行评定，分项工程 100%合格；单位工程合格率 100%，其中优良率 90%；焊接一次合格率 95%；焊缝、法兰等密封无泄漏，关键大型机组试车和装置联动试车、投料试车一次成功。

5　施工质量管理

5.1　施工质量保证体系的确认

建立健全企业的质量管理体系是工程质量保证的基础。参加海沙石化40万吨/年PBC工程的施工承包单位、设计单位及检测单位，必须建立完整的、切实可行的质量管理体系。各承包单位必须在开工前向项目经理部及监理单位申报质量管理体系建立情况，项目经理部及监理单位将在施工阶段不定期检查各单位质量管理体系的建立和运行情况。

5.2　施工人员素质的保证

参加海沙石化40万吨/年PBC工程建设的各类人员(管理人员、技术人员、特殊岗位作业人员)均应持有相应的岗位作业证，各施工单位要严格管理并备案，监理单位及项目经理部将根据备案抽查持证上岗的情况。

5.3　施工质量管理的技术保证

在工程建设中施工技术管理对保障施工质量起着重要作用。技术管理的任务是：正确贯彻国家技术政策、监察规程、技术规范和标准。按照科学规律合理安排施工工序，正确制订施工技术方案，提供全面的技术工作的依据和执行凭据，确保工程质量符合设计文件、相应标准和合同规定的要求。

5.3.1　熟悉设计图纸，领会设计意图

(1)在项目的基础设计和施工图设计审查阶段，项目经理部将组织海沙石化有关职能部门和生产车间的技术人员对设计成果进行审查工作，监督和指导现场的施工质量管理工作。

(2)施工图纸会审和设计交底。

施工图下发之后，施工单位、监理单位及项目经理部分别组织专业人员进行施工图会审，详细阅读图纸，了解设计意图，提出图纸存在的问题和需要进一步了解的问题；图纸会审由项目经理部负责组织。

设计交底由项目经理(或监理)主持，项目经理部、监理单位专业工程师、施工单位的工程技术人员参加，由设计人员介绍设计意图和要求，并解答与会各方提出的问题。设计交底应邀请质量监督机构派员参加。

图纸会审和设计交底应形成《设计交底会议纪要》。纪要内容涉及修改设计的，由设计单位签发设计变更文件

根据施工图出图特点和施工要求，图纸会审和设计交底可以分专业和分阶段进行，也可以合并在一起进行。

未经图纸会审和设计交底的工程，不得开工。

在施工图最终完成之前，项目经理部将组织海沙石化有关职能部门和生产车间技术人员到设计单位进行最后审查。特别是工艺碰管将进行三维模型审查。

5.3.2　施工组织设计

施工组织设计是施工承包单位用以指导施工准备和规划、组织施工活动全面的指导性的技术经济文件，对做好施工准备及科学组织施工具有非常重要的意义。

(1)在施工招标阶段，评标人员应审查投标单位的初步施工组织设计和原则施工方案，为评标做技术准备。

(2)施工组织设计应根据工程承包范围进行编制，并符合下列规定：

独立承建某一单项工程的建筑工程和安装工程的施工单位，必须编制单项工程施工组织总设计。

分别承建单项工程的建筑工程或安装工程施工的承包单位，须编制建筑工程或安装工程施工组织总设计。

对于单位工程，应编制单位工程施工组织设计(或施工方案)。

(3)施工组织设计应符合国家计委《关于基本建设大中型项目开工条件的规定》(计建设〔1997〕352号)的附件和海沙集团公司有关规定的要求。

(4)施工组织设计的管理规定

施工组织总体设计，应由施工承包单位的总工程师(公司级)或技术负责人(公司级)批准后报监理单位审核，报业主备案。

单位工程施工组织设计(或施工方案)，应由施工单位的项目经理部总工程师或技术负责人审定，项目经理批准。报监理单位审核，报业主备案。

(5)没有编制施工组织设计(或施工方案)或施工组织设计(或施工方案)未经审查批准的工程，不得开工。

5.3.3 设计变更文件的管理

(1)设计变更文件是指由设计人员和设计代表签发的对设计内容的书面修改。一般有设计原因变更和非设计原因变更两种情况。管理规定有：

设计变更文件必须有设计人员和设计项目总代表两级签字并加盖设计变更专用章方为有效；

设计变更文件应按单项工程分专业与修改内容所涉及的施工图设计档案号对应进行编号。

(2)工程联络单是指由施工人员提出，经设计人员和设计总代表同意的对原设计内容的书面修改，可理解为设计变更的另一种表现方式。工程联络单的管理有：

工程联络单必须经被修改内容的设计单位的设计人员和设计总代表两级签字并加盖设计变更专用章方为有效；

设计人员应将签认的工程联络单按设计变更文件管理规定编号，并纳入设计变更文件目录。

设计变更文件和工程联络单的内容，不得低于原设计技术标准或质量要求。

设计变更如需较大投资，必须经海沙石化40万吨/年PBC项目变更委员会批准同意。

项目正式开始实施时，项目经理部(HSPMT)将制订项目变更控制程序文件。

5.4 进场设备、材料、构配件的质量控制

设备、材料、构配件的质量是保证工程质量的第一关，控制工程质量必须首先控制进场设备、材料、构配件的质量。

本节内容适用于施工方提供的设备、材料、构配件的质量控制，也适用于项目经理部(业主)提供的设备、材料、构配件的质量控制。

5.4.1 设备、材料、构配件的开箱检验规定

(1)设备、材料、构配件的开箱检验工作由采购部门组织，监理工程师、施工人员、项目经理部有关人员参加。制造商约定要参加的，组织者应通知其派代表到场。

(2)开箱检验的主要内容：

包装的外观检查；

装箱清单与实物名称、位号、规格(型号)、数量的核查；

设备铭牌与材料色标的核查；

实物与质量证明文件、随机资料的核查；

实物外观质量的检查；

实物与采购合同相关技术、质量条款的对照核查。

(3)组织者应指定专人填写开箱检验记录，各参检人员应予签认。

(4)开箱检验中发现的问题，由采购单位负责解决，项目经理部跟踪管理。

(5)组织者应指定专人保管开箱检验记录和质量问题跟踪管理记录。

5.4.2 质量证明文件规定

(1)进场设备、材料、构配件必须随带出厂合格证、质量证明文件，以证明其符合设计文件和合同规定的技术要求与质量标准。设备还必须随带技术资料和有关监检、监造文件。

(2)质量证明文件应是原件。原件由设备、材料、构配件采购单位指定专人负责按交工技术文件管理规定登记、保管、编目、组卷，交工时向项目经理部移交。

(3)现场使用的质量证明文件应为有效复印件。有效复印件即注明原件保管单位，加盖原件保管单位红色公章，并有原件保管单位复印经办人亲笔签字的复印件。

5.4.3 采购单位的检验与验收

(1)采购单位应负责其提供的设备、材料、构配件的检验与验收。未经检验或检验验收不合格的设备、材料、构配件不得进入施工现场。

(2)采购单位应保留其检验与验收记录，并将记录作为交工技术文件移交。

5.4.4　施工单位的检验与核查

(1)施工使用设备、材料、构配件之前，施工单位的工程技术人员应对进场的设备、材料、构配件进行外观质量检验，核查质量证明文件，并按施工质量验收规范、承包合同和政府有关部门的规定进行检验或复验。未经检验、复验，或检验、复验不合格的不得使用。

(2)施工单位应保留其检验与核查记录，并将其列入交工技术文件移交。

5.4.5　现场保护

(1)进入现场的设备、材料、构配件应在指定地点按规定堆放并有明确的区分标识，避免不同材质、不同规格的材料、构配件混杂一起。

(2)施工单位应采取可靠措施，以保证进入现场的设备、材料、构配件不受损坏和污染。

5.4.6　不合格品的标识与处理

(1)经监理、施工单位检验和核查，发现进入现场的设备、材料、构配件存在不符合设计文件和合同规定的技术要求和质量标准的，该设备、材料、构配件即为不合格品，施工单位不得使用。

(2)发现不合格品应立即采取措施隔离、标识，并及时通知项目经理部、监理单位。

(3)不合格品由采购部门负责处理，并最终提供合格品。项目经理部、监理单位应跟踪处理结果。重大的不合格品处理应通知工程质量监督机构。

5.5　施工过程的质量控制

施工过程的质量控制必须坚持“事前有策划，事后及时验评，重点部位加强控制”的原则。

5.5.1　质量计划

(1)为保证海沙石化40万吨/年PBC工程争取优质工程，对于施工单位编制的每一个单项工程施工组织设计都应制订质量计划。

(2)质量计划的内容至少应有：

质量目标及工程质量负责人；

三个等级的工序质量控制方案；

施工过程的检验和试验计划；

隐蔽工程验收与中间交工验收计划；

采取的特定施工程序、方法和作业指导书。

5.5.2　工序质量控制

施工过程实行工序质量控制，明确工程质量控制点。依据工序的重要程度和控制的必要性划定不同的控制等级，实施不同等级的质量控制活动。上一工序不合格，检查各方不予签证，不能转入下一工序施工。

工序质量控制分为 A、B、C 三个等级。对每一个等级，必须进行严格的检查。无论对哪一控制等级进行检查，施工单位都必须提供有关施工记录和检验试验报告。

工序质量控制等级执行承包合同的约定，记录表式由施工单位提出，报项目经理部、监理单位认可。

三个等级的工序质量控制方案还应报送工程质量监督机构。

各质量控制等级的检查应符合下列规定：

A 级，由项目经理部、监理单位、设计、质监站、施工单位共同检查(设计、质监站可选择性参加)。

B 级，由监理单位、施工单位共同检查，质监站、项目经理部选择性参加。

C 级，由施工单位质检部门进行检查。

①对 A、B 级控制点的检查，必须在施工单位的质检部门检查合格后进行。

②在各等级检查中，当某一工序施工质量符合设计文件、标准规范和合同规定等要求，检查各方履行签证手续后，施工队可进行下一道工序施工。当某工序质量不符合有关规定，检查各方不予签证，施工队不得进行下一道工序施工。

③工程质量监督机构在其监督计划中明确的停监点，施工承包单位必须提前 48 小时通知工程质量监督人员检查。

④工序质量控制实施记录，由施工单位妥善保管，并将其列入交工技术文件移交。

5.5.3　隐蔽工程检查验收

(1)隐蔽工程是指那些在施工完毕后，将被下一道工序的施工所遮盖，而无法或难以再对其进行检查的分部、分项工程。隐蔽工程检查是对即将隐蔽的工程实施的一种验收性检查。

(2)施工单位的质量检查部门应编制隐蔽工程检查验收计划，并告知监理单位、项目经理部和质量监督站。

(3)《隐蔽工程检查记录》应由负责隐蔽工程施工的专业人员填写，至少应将施工依据、器材使用情况、施工情况和质量水平填写清楚。

(4)有关人员在实施工程隐蔽检查后，应在《隐蔽工程检查记录》中签字确认。

(5)所有《隐蔽工程检查记录》均列入交工技术文件予以移交。

5.5.4　中间交工验收

(1)中间交工验收是指不同专业的工程或同一专业工程分别发包给不同施工单位时，以承包方为主对交出方完成的施工内容的质量进行的一种全面的检查与验收。

(2)中间交工验收由工程的发包单位组织。

(3)中间交工验收的程序与质量保证要求：

①先由交出方提交本工程的全部质量保证资料和对工程的必要说明。

②承包方的专业技术人员、专业质量检查人员对交出方提供的资料进行必要的核查，包括必要的测量及观感检查。

③通过对资料的审查及对实体的核查，发现问题并经现场监理人员核实确认的，交出方应按承接方要求或设计文件、技术标准要求进行处理，直至承接方和现场监理人员认为交出方的质量保证资料和工程实体完全符合要求，方可办理工程中间交工手续。

④办理工程中间交工手续时，应填写《中间交工证书》。在《中间交工证书》上除交、接双方代表签字外，监理专业工程师也应在确认栏中签字。

(4)交出方应妥善保管《中间交工证书》，并将其列入交工技术文件予以移交。

5.5.5　工程质量的评定

(1)工程质量评定的依据：

设计文件；

合同文件；

现行国家工程施工质量验收统一标准及石油化工行业检验评定标准。

(2)工程质量评定的规定：

分部、分项工程质量检验评定是单位工程质量验收的基础。分项工程完成后，施工单位按相应的“施工质量验收规范”进行质量评定，合格后方可进行下一道工序的工作。

分项工程应在施工班组自检的基础上，由施工单位负责该分项工程施工的专业技术人员和专业质量检查人员根据施工记录核实后验收，由监理专业工程师组织施工单位项目专业负责人等进行评定。

分部工程由总监理工程师组织施工承包单位项目负责人和技术、质量负责人等进行验收评定。

单位工程完工后施工单位应自行组织有关人员进行检查，监理工程师组织复检合格后，由项目经理部组织监理、设计、施工等单位(项目)负责人进行工程评定，工程质量监督部门核定。

(3)当工程质量不符合要求时，应按下列规定进行处理：

经返工重做的，应重新进行验收。

经有资质的检测单位检测鉴定，并经项目经理部施工主管领导和监理单位总监理工程师同意接收的，可以验收。

经有资质的检测单位检测鉴定达不到设计要求的，但经原设计单位核算认

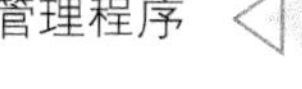

可、能够满足结构安全和使用功能的工程，经项目经理部项目经理和监理单位总监理工程师同意接收的工程，可以验收。

经返修或加固处理的分项、分部工程，虽然外形尺寸改变但仍能满足安全使用要求，可按经项目经理部项目经理认可的技术处理方案和协商文件进行验收。

经返修或加固处理仍不能满足安全使用要求的分项、分部工程严禁验收，不得使用。

5.5.6　委托第三方检测

为及时掌握关键部位、关键工程的质量情况，海沙石化40万吨/年PBC工程将在土建和安装阶段多次委托第三方进行检测，以客观评价工程质量。

(1)检测的主要内容：

地基处理后的检测与鉴定；

桩基质量检测；

进入现场的设备材料质量检测；

现场组焊设备、管道焊接质量检测；

工程现场无损检测及理化检测；

业主认为需委托第三方检测的其他内容。

(2)第三方检测应由施工方之外有检测资格的单位实施。第三方检测单位的选择除应有相应资质和业绩外，还必须经项目经理部认定。

(3)第三方检测的信息和资料，必须首先报告项目经理部和监理单位。项目经理部和监理单位按照检测结果及时判断工程质量，掌握工程动态，做出相应决策。

(4)第三方检测的报告是工程质量评定的依据，各方均应妥善保管，工程结束后作为工程技术交工文件和工程档案与工程竣工资料一并归档。

5.6　质量检查

为掌握工程建设的基本情况，项目经理部和监理单位、质量监督站将在项目全面开工后，每月组织一次工程质量大检查，各参建单位应给予积极配合。

5.6.1　检查内容

(1)各参建单位技术管理与质量保证体系的运转情况。

(2)抵达现场的设备、材料质量情况；设备、材料质量证明文件情况。

(3)施工过程的质量控制情况。

(4)工程实体的质量情况。

(5)施工技术资料状况。

5.6.2　检查依据

(1)有关技术标准、规范。

(2)设计文件。

(3)合同承诺。

(4)质量管理规定。

(5)参建单位的 ISO9000 质量手册、程序文件、项目质量计划等质量管理文件。

5.6.3 检查的组织形式

(1)上级组织的阶段性和专题性的质量检查。

(2)项目经理部和监理单位组织的阶段性和专题性的质量检查。

(3)无论何种形式的检查，在检查前各施工单位都应进行自检和提供自检报告，在检查后，组织者均应安排检查情况的讲评和书面总结。在对存在问题进行整改后，由监理单位组织进行复检。

5.6.4 检查记录的管理

所有质量检查记录均作为工程管理资料归档。

5.7 质量事故管理

海沙石化40万吨/年 PBC 工程的所有参建单位都必须执行国家质量方针、政策及质量管理的有关法规、标准、规范和规定，建立健全质量管理体系，严格质量检查，加强质量教育，杜绝或减少质量事故的发生。

5.7.1 质量事故

质量事故是指在施工过程中由于施工管理、材料管理、技术管理、生产检验以及施工操作等原因，使施工质量不符合设计要求或不符合建筑、安装工程质量标准造成的事故。

施工质量事故按照造成经济损失的严重程度分为“一般”和“重大”两类。

(1)返工或加固处理直接损失费用在 5000 元以上至 10 万元以下的为一般事故。

(2)发生下列情况之一者为重大质量事故：

房屋及构筑物主要结构倒塌；

基础不均匀下沉，造成建筑物或构筑物倾斜、结构开裂或主体结构强度严重不足；

影响结构安全和建筑物使用年限或造成不可挽回的永久性缺陷；

严重影响设备及相应系统的使用功能；

关键工艺设备严重损失或报废；

直接经济损失在 10 万元以上。

5.7.2 事故报告与现场保护

(1)一般事故发生后，事故施工单位要及时向单位主管部门、项目经理部和监理单位报告，重大质量事故发生后事故单位应以最快方式(不超过 2 小时)将事故简要情况报告项目经理部、监理单位和工程质量监督部门。发生人身伤亡事故还应按照安全管理规定向当地有关主管部门报告。

(2) 重大事故发生后，事故单位要保护好现场痕迹、物证。

5.7.3　事故调查与处理

(1) 一般质量事故的调查和处理报告由事故施工单位负责，项目经理部质量部、工程部和监理单位参与调查和处理。

(2) 重大质量事故的调查与处理由事故单位的项目经理、项目经理部和监理单位、监督组、设计现场代表等组成调查组，事故单位专业工程师和监理单位及项目经理部的专业人员参加调查和处理。

(3) 发生重大质量事故，并伴随重大人身伤亡事故的，按照国家安全事故管理的有关规定组成联合调查组进行调查，必要时聘请专家协助进行技术鉴定。

(4) 重大质量事故的调查与处理应邀请工程质量监督机构派员参加。必要时，海沙石化质监分站可对重大质量事故进行独立调查。

(5) 事故处理原则：

事故处理坚持“事故原因和影响不清楚不放过；事故处理方案和措施不清楚不放过；事故责任者、责任单位和有关人员未受到教育不放过”的原则。

返工处理的，按原施工图重新施工，履行正常的检查验收手续；

非设计原因，而采用加固、修补等方式处理的，其处理方案按本规定第 5.7.4 条原则处理，并履行相应的检查验收手续；

设计原因造成的，由设计单位负责编制处理方案，该方案需经设计单位总工程师批准。

处理方案均不得降低原设计技术标准和质量要求。

(6) 重大质量事故报告。重大质量事故由调查组编写调查报告，内容有：

事故发生单位，工程项目名称，事故发生地点、部位、时间；

事故发生经过、造成的后果，及经济损失、人员伤亡情况；

事故发生原因的分析，专家的技术鉴定，事故的性质，责任单位及主要责任者；

事故发生后采取的措施、处理方案及防止类似事故再发生的措施。

(7) 事故处理完毕后，调查组应在 5 日内写出事故处理报告报有关单位、部门。

(8) 事故调查与处理的全部费用由事故的责任单位承担。

5.8　工作例会与报告制度

为保证海沙石化 40 万吨/年 PBC 工程施工质量保证体系的有效运行，达到掌握情况、沟通信息、交流经验的目的，建立施工质量工作例会与报告制度。

5.8.1　工作例会

(1)工程工作例会由项目经理部和监理单位组织。

(2)质量管理例会由项目经理部和监理单位组织。

(3)所有质量工作例会均由组织者编写会议纪要发至与会单位，并归档一份。

5.8.2　报告制度

(1)施工过程中发生质量事故，按本规定5.7节施工质量事故管理内容执行。

(2)正常情况下，承包商应在每月23日前向项目经理部和监理单位报告本月的工程质量月报。

(3)工程质量月报至少应有以下内容：

工程形象进度；

本月质量活动情况；

存在问题及处置措施。

(4)施工过程中，若发现下列情况之一，施工单位应立即向监理单位、项目经理部报告：

发现不合格的设备、材料、构配件进入现场；

发现存在重大工程质量隐患；

发生质量事故。

(5)质量月报的管理：海沙石化40万吨/年PBC工程的所有工程质量报告和质量月报均由项目经理部管理，并列入工程资料归档。

(6)监理单位应在每月27日向业主提交的监理月报中，详细评估当月现场施工质量状况，以及次月将采取的措施。

6　交工技术文件

6.1　交工技术文件

交工技术文件是施工单位在施工过程中形成的技术文件，是工程竣工档案资料的主要组成部分。在办理工程交工时，施工方应按SH/T 3503—2017和本规定的要求向项目经理部提交工程建设交工技术文件。

6.2　交工技术文件的组成

交工技术文件由施工记录、竣工图两部分组成。

6.2.1　施工记录

施工记录的主要内容有：

(1)单位工程质量验收记录；

(2)技术管理工作记录，如施工组织设计、施工方案及审批文件、工程技术专题洽商记录、设备材料代用和设计变更文件等；

(3)设备、材料、构配件的随机资料、质量证明文件、开箱检验报告及按规定进行抽查的复验报告；

(4)施工检验和试验记录；

(5)施工过程验收记录；

(6)隐蔽工程验收记录；

(7)重大质量事故处理鉴定记录。

6.2.2 竣工图

竣工图必须盖有竣工专用图章，竣工图包括：

(1)各专业竣工图，如总图竣工图、土建专业竣工图、工艺竣工图、设备竣工图、电气竣工图、仪表(自控)竣工图等。竣工图原则上由设计单位完成并盖竣工专用章。

(2)地下隐蔽工程(如地下管道、电缆、接地网等)综合竣工图由施工单位完成。

6.3 SH/T 3503—2017之外的要求

(1)各承包商提供的交工技术文件中应有反映所有单位工程质量竣工验收状况的《工程质量综合验收汇总表》。

(2)各单位工程的质量记录还应将《单位工程质量竣工验收记录》《单位工程质量控制资料核查记录》《单位工程安全和功能检验资料核查及主要功能抽查记录》列入交工技术文件。

(3)基础和主体结构的砂浆、混凝土试块应列出核查汇总表，说明设计强度等级、工程部位、工程量、试块组数、制作日期、试验日期、评定结果、不合格的处理结果。

(4)现场组焊的容器、管道的焊接情况，应用容器排板图和管道单线图表示。图中应注明容器或管道的等级、材质，以及探伤的比率、焊缝编号及分布位置、焊工代号、探伤编号及位置、返修部位及返修次数。管道还应注明固定焊口位置，说明转动焊口和固定焊口的数量与探伤比率。如采用不同的探伤方法，则应有相应的说明。

(5)工程质量记录验收标准：

①内容齐全，无缺项、漏项，无涂改；

②各项检验、试验和验收结果均符合设计要求或结论为合格；

③各级责任人员签证手续完备；

④质量事故处理后的相应手续见5.7.3(6)。

(6)地下隐蔽工程综合竣工图。

①地下隐蔽工程综合竣工图按设计(规划)区域绘制；一个设计区域内有多个施工承包单位参与施工，则该设计区域内地下隐蔽工程综合竣工图由该工程发包单位委托设计单位绘制。

②地下隐蔽工程综合竣工图应准确地标示下列内容：

各专业地下隐蔽工程的技术特性(如管道的管径、材质、管内介质、内外防腐类型、电缆规格等)；

各专业地下隐蔽工程在室内、室外地面以下的平面位置和埋深；

各专业地下隐蔽工程与相邻设计区域地下隐蔽工程的联系。

(7)施工方应提交以只读光盘形式提供的交工技术文件1套及经其责任人签字确认，并确保光盘的内容与原件内容完全一致的纸质交工技术文件2套(其中原件1套)。

6.4 交工技术文件验收的组织

交工技术文件验收前各承包商项目经理应组织专业技术人员对交工技术文件进行核查，认为符合本规定后，报监理审核。

交工技术文件验收由项目经理部组织。

符合验收标准的，由项目经理部出具交工技术文件验收证明；不符合标准的退回整改。

交工技术文件未经验收或验收不合格，项目经理部不予办理工程结算。

6.5 交工技术文件的移交

验收合格的交工技术文件由承包商向项目经理部移交，移交时应核对交工技术文件目录的清单并会签《交工技术文件移交证书》。

7 交工验收

7.1 交工验收

交工验收是承包商与项目经理部之间发生的行为，是指施工方完成了合同规定范围内的全部内容和工作内容，并经相应的检验试验、考核评定证明工程符合合同规定的要求后，承包商向项目经理部移交其承包的全部工程和相应的技术资料，由项目经理部有关部门逐一检查验收的过程。

完成交工验收的标志是双方共同签署了《工程交工证书》。

7.2 交工验收的基本形式

以工程承包合同为单位进行验收；

因生产或施工的需要必须提前完工和投入使用而进行的分期验收。

7.3 交工验收应具备的条件

工程项目按照项目经理部与承包商签订的工程合同规定和设计文件要求全面施工完毕，经工程质量评定达到合同规定的质量标准、满足使用功能要求；

生产系统的设备单机调试、试运转、联动试车、投料试车和生产考核达到设计和合同要求的性能及技术指标；

有关的技术文件齐全，并符合本规定的要求；

交工的工程达到窗明、地净，公用工程通畅，设备运转正常；

7.4 施工方应提交的主要技术文件

交工报告；

交工工程项目一览表；

工程项目或工作内容增减的签证资料；

移交的建筑工程、设备安装工程、管道安装工程、电气安装工程、仪表安装工程实物量一览表；

符合规定的交工技术文件；

工程中间交工、单机试车、工程机械竣工（中间交接）、联动试运行、投料试车、生产考核合格证明文件等有关资料；

工程遗留问题及说明资料。

合同规定的其他资料。

7.5　监理单位应提交的主要技术文件

工程管理工作总结；

工程质量评估报告；

合同规定的其他资料。

7.6　交工验收的组织

项目经理部组织交工验收。

8　接受工程质量监督机构的监督

参建单位（包括项目经理部、监理、勘察设计、采购供应、施工、检测商等）都必须接受海沙集团公司工程质量监督总站的监督。

所有接受监督的单位和个人，都应支持和配合监督人员的监督检查。

附件2　三级质量控制点

海沙石化40万吨/年PBC工程的三级质量控制点，如表3-10所示。

表3-10　海沙石化40万吨/年PBC工程三级质量控制点表

序号	工程质量控制点	等级	表号	备注
第一类　化工生产装置工程				
一、	桩基工程			
1	工程定位测量	B		必查
2	桩的布置/位置	B		
3	钻孔位置/垂直度/深度/偏心距	B		
4	清洁度（底部粘泥）、加强筋	C		
5	浇筑混凝土	A		

续表3-10

序号	工程质量控制点	等级	表号	备注
6	测量(位置/水平/垂直度)	C		
7	桩的动(静)荷载试验	A		必查
二、	土方工程			
1	工程定位(高程)测量	B		必查
2	地基验槽(坑)	A		设计、地勘参加
3	检查回填土压实密度	B		
4	施工全过程控制	C		
三、	钢筋混凝土构筑物工程			
1	验证材料合格证书及材料实验报告	B		必查
2	审定混凝土试块实验报告及质量评定记录	B		
3	工程定位测量	B		必查
4	地基验槽(坑)	A		设计、地勘参加
5	基础复测	R		
6	检查钢筋绑扎质量	A		
7	检查钢筋绑扎焊接情况及实验报告	A		
8	检查预埋件、预埋管、预留洞的位置	B		
9	检查预埋地脚螺栓	B		重要设备通知业主参加
10	检查模板尺寸、支撑、刚度、稳定性	B		
11	大型基础沉降观测	B		必查
12	隐蔽工程检查	A		必查
13	外观检查	A		
14	施工全过程控制	C		
四、	钢筋混凝土构件工程			
1	检查构件合格证及出厂实验报告	B		必查
2	构件荷载试验记录	B		
3	钢筋混凝土构件吊装验收	B		必查
4	检查构件接头焊接和灌浆质量	B		设计、地勘参加

续表3-10

序号	工程质量控制点	等级	表号	备注
5	沉降观测	B		
6	隐蔽工程检查	A		必查
7	施工全过程控制	C		
五、	建筑工程			
1	验证材料、半成品和成品的合格证书及材料实验报告	B		必查
2	审定混凝土试块实验报告及质量评定记录	B		
3	工程定位测量	B		必查
4	地基验槽(坑)	A		必查
5	基础复测	B		
6	检查钢筋绑扎质量	A		
7	检查钢筋绑扎焊接情况	A		
8	检查预埋件、预埋管、预留洞的位置	B		
9	沉降缝、伸缩缝和防震缝处理检查	B		
10	留槎、接槎、通缝和马牙槎检查	B		
11	灰缝厚度和饱满度	B		
12	防水工程质量检查验收	A		必查
13	防腐工程施工	B		
14	防潮层的检查	B		
15	门窗及附件安装的质量检查	B		
16	装饰墙面检查	B		
17	吊顶检查	B		
18	防静电地板材料及安装质量的检查	A		
19	水磨石地面检查	B		
20	沉降观测	B		
21	楼层测量	B		
22	隐蔽工程检查	A		必查
23	施工全过程控制	C		

续表3-10

序号	工程质量控制点	等级	表号	备注
六、	钢结构			
1	检查材料合格证及材料复检	B		必查
2	检查焊工资质、焊接工艺评定、施工技术方案	A		
3	检验焊接材料	B		
4	检查焊缝质量	B		
5	工程定位测量	B		必查
6	钢结构安装	B		
7	H 型钢结构安装	B		
8	高强螺栓连接检查	A		必查
9	塔架杆件挠曲矢高实测	C		
10	塔架安装	C		
11	防腐涂层施工	B		
12	防火涂层施工	B		
13	施工全过程控制	C		
七、	静设备			
1	检查焊工资质、无损探伤人员资质、焊接工艺评定、施工技术方案	A		必查
2	设备组焊	B		必查
3	现场焊接热处理检查	B		
4	设备开箱检验	A		必查
5	检查设备基础交安记录及基础复测、表面处理	B		
6	设备安装垫铁隐蔽工程	B		必查
7	立式设备安装	B		
8	卧式设备安装	B		
9	加设备组焊焊接质量检查、探伤检查	A		
10	检查地脚螺栓紧固	B		
11	二次灌浆前的检查	A		
12	塔盘安装	A		

续表3-10

序号	工程质量控制点	等级	表号	备注
13	设备填充	B		
14	反应器、再生器附件安装	B		
15	反应器、再生器外部构件安装	B		
16	空冷器构件安装	B		
17	衬里工程施工	B		
18	设备的清洗、吹扫	B		必查
19	设备最终封闭前的检查	A		
20	设备强度试验和严密性试验	A		必查
21	梯子平台、栏杆检查	C		
22	设备隔热工程施工	B		
23	检查油漆	B		
24	检查液位仪表的安装	B		
25	施工全过程控制	C		
八、	机、泵安装			
(一)	泵			
1	检查基础交接	B		
2	检查基础表面处理、地脚螺栓尺寸	B		
3	审查质量证明、产品合格证	B		
4	机器安装记录	B		
5	机器联轴器对中	A		
6	设备安装垫铁隐蔽工程	B		
7	二次灌浆检查	B		
8	泵的进出口接管无应力安装情况检查	A		必查
9	机械密封安装检查(如果有)	B		
10	机器设备单体试运行、电机单试	A		必查
(二)	压缩机(汽轮机)			
1	安装前审查合格证和质量证明	B		必查
2	检查压缩机及其附件是否齐全	B		

续表3-10

序号	工程质量控制点	等级	表号	备注
3	检查基础交接记录	B		必查
4	检查基础表面处理、地脚螺栓尺寸	A		
5	解体清洗装配	B		
6	转子与轴承装配公差检查(如果有)	A		
7	压缩机齿轮箱的清洗安装检查	B		
8	检查压缩机油箱、冷却器、过滤器、阀门等	B		
9	检查压缩机管道清洁度	A		
10	检查压缩机进出口管道无应力安装情况	A		必查
11	二次灌浆检查	B		
12	检查压缩机轴密封及其冲洗、润滑和冷却	B		
13	检查压缩机与电机(含齿轮箱)联轴器对中	A		
14	检查压缩机与汽轮机(含齿轮箱)联轴器对中	A		
15	检查汽轮机调速器、阀门	B		
16	机器安装记录	B		
17	机器拆检及组装间隙记录	A		
18	机器联轴器对中记录	A		
19	机器设备单体试运行记录	A		必查
(三)	施工全过程控制	C		
九、	特殊机械安装			
(一)	起重设备			
1	检查设备合格证书、质量证明文件	B		必查
2	起重设备铺轨安装检查	B		
3	起重设备试运行(荷载试验)	A		必查
(二)	其他			
1	检查设备合格证书、质量证明文件	B		必查
2	检查基础交接	B		
3	检查设备安装	B		
4	检查基础二次灌浆	B		

续表3-10

序号	工程质量控制点	等级	表号	备注
5	检查转动机械轴承调试润滑	B		
6	检查驱动机联轴器对中	B		
7	检查转动机械试运调试	A		必查
8	特殊阀门安装检查	B		
9	特殊阀门调节灵敏度检查	A		必查
10	特殊阀门气密性检查	B		
11	施工全过程控制	C		
十、	加热炉工程			
1	金属材料合格证书	B		必查
2	保温、耐火、衬里材料检查	B		必查
3	检查基础交接	B		必查
4	检查炉壁钢板及钢结构组对安装焊接	A		
5	检查炉壁钢板及钢结构平整和稳定	B		
6	耐火材料安装前保温钉检查	B		
7	炉管安装前质量检查	B		
8	(炉)管道焊缝热处理质量检验	B		
9	(炉)管道焊接及无损检测	A		
10	炉管附件安装检查	B		
11	烟气收集器与烟囱的安装检查	B		
12	(炉)管道强度、严密性试验	A		必查
13	衬里工程施工	B		必查
14	筑炉工程施工	B		必查
15	风机安装、试运	B		
16	烟囱施工过程检查	C		
(1)	混凝土浇筑检查	B		
(2)	衬里检查	B		
17	钢烟囱焊接质量检查	A		
18	吹灰器安装检查	B		

续表3-10

序号	工程质量控制点	等级	表号	备注
19	审查烘炉方案	B		
20	烘炉(烘干)	B		
21	施工全过程控制	C		
十一、	石油化工管道安装			
(一)	地面管道施工安装			
1	焊接工艺评定，焊工、无损检测人员资格审查	A		
2	进场管道材料检验及验收	B		
3	除锈、防腐	B		
4	阀门试验	B		
5	材料标识管理	B		
6	检查安装前的管道清洁度	B		
7	检查预制合格管道标识及移植	C		
8	检查固定支架及弹簧支、吊架调整	B		
9	检查管道与动设备的无应力连接情况	A		
10	检查管道静电接地	B		
11	管道补偿器安装	B		
12	安全附件安装	B		
13	管道焊缝热处理质量检验	B		
14	管道焊接及无损检测	B		
15	管道试压条件确定检查	B		
16	管道压力、泄漏性试验	A		
17	管道吹扫冲洗	A		
18	管道脱脂酸洗	A		
19	完工后检查盲板及垫片(注意正式和临时)	B		
20	管道隔热及最终防腐工程施工	B		
21	施工全过程控制	C		
(二)	地下管道施工安装			

续表3-10

序号	工程质量控制点	等级	表号	备注
1	按本部分地面管道质量控制点(第1、2、3、4、6、14、17条执行)			
2	管道定位放线	B		
3	检查地下隐蔽管道最终防腐	B		
4	防腐绝缘层电火花检测	A		
5	地下管道水压试验	A		
6	隐蔽工程检查	A		
7	施工全过程控制	C		
十二、	自控仪表安装			
(一)	检查产品合格证书	B		必查
(二)	仪表安装前调校检查	B		
1	变送器、转换器调校	B		
2	调节器调校	B		
3	调节阀执行器调校	B		
4	指示、记录仪调校	B		
5	热电偶、电阻体调校	B		
6	物位仪表调校	B		
7	就地指示仪调校	B		
8	工艺开关调校	B		
9	其他调校	B		
(三)	仪表安装过程			
1	报警、连锁系统实验	A		必查
2	仪表系统调试	B		必查
3	仪表盘(箱)、操作台安装	B		
4	仪表保护箱、保温箱安装(如果有)	C		
5	仪表管路试压脱脂、酸洗	B		
6	节流装置安装检查	B		
7	电缆(线)绝缘电阻测定	B		

续表3-10

序号	工程质量控制点	等级	表号	备注
8	电缆敷设	B		
9	接地极、接地电阻测定	B		
10	仪表盘送电	A		必查
11	高温高压仪表管嘴焊接检查	B		
12	温度仪表安装检查	B		
13	压力仪表安装检查	B		
14	流量仪表安装检查	B		
15	物位仪表安装检查	B		
16	分析仪表安装检查	B		
17	气体检测仪表安装检查	B		
18	调节阀安装检查	B		
19	其他仪表安装检查	B		
20	仪表联校	B		必查
(四)	DCS/SIS 系统安装			
1	机柜安装、调试	A		必查
2	接地极、接地电阻测定	B		
3	接线	B		
4	画面检查	B		
5	DCS/SIS 基本功能检测	A		必查
6	DCS/SIS 调校	A		必查
(五)	施工全过程控制	C		
十三、	电气工程安装			
1	检查电气设备、材料合格证书	B		必查
2	检查基础交接	B		
3	检查埋件、埋管、留洞	C		
4	检查静电接地施工	B		
5	接地电阻测量	B		
6	隐蔽工程检查	A		必查

续表3-10

序号	工程质量控制点	等级	表号	备注
7	交流电动机试验	B		
8	直流电机试验	B		
9	双线圈电力变压器试验	B		
10	电压互感器试验	B		
11	电流互感器试验	B		
12	断路器试验	B		
13	电力电缆试验	B		
14	并联电容器试验	B		
15	阀式避雷器试验	B		
16	氧化锌避雷器试验	B		
17	交流耐压试验	B		
18	绝缘油简化分析试验	B		
19	电磁式电流(压)继电器试验	B		
20	GL(LL)型电流继电器试验	B		
21	时间继电器试验	B		
22	综合保护继电器试验	B		
23	中间、信号继电器试验	B		
24	BCH-1/2 型差动继电器试验	B		
25	电流互感器 10%误差曲线试验	B		
26	差动保护向量校验	B		
27	电测量指示仪表检验	B		
28	电度表检验	B		
29	零序保护系统试验	B		
30	自动开关调整	B		
31	接地电阻试验	B		
32	交流电动机检查试运转	A		
33	电动机干燥	B		
34	变压器器身检查	B		

续表3-10

序号	工程质量控制点	等级	表号	备注
35	变压器干燥	B		
36	户内断路器安装调整	B		
37	隔离(负荷)开关安装调整	B		
38	蓄电池充放电	B		
39	电缆敷设前,槽架安装检查	B		
40	电缆敷设和绝缘检查	B		
41	高压电缆头施工	B		
42	照明线路绝缘检查及试照	C		
43	防爆电气安装检查	B		
44	配电间机柜安装	B		
45	开关柜联动试验	A		必查
46	继电器设定	A		
47	受电条件检查	A		
48	电除尘器空载试验	A		
49	施工全过程控制	C		
十四、	给排水工程			
1	工程定位测量	B		必查
2	管沟复测	B		
3	检查管道除锈	B		
4	防腐工程施工	B		
5	防腐绝缘层电火花检测	A		必查
6	管道回填之前检查	A		
7	管道焊接检查(含无损探伤)	A		
8	井室砌筑(阀门井)	C		
9	地下管道水压试验	A		必查
10	检查回填土压实密度	B		
11	施工全过程控制	C		
十五、	油漆保温			

续表3-10

序号	工程质量控制点	等级	表号	备注
1	检查金属表面除锈	B		
2	检查油漆膜涂刷道数	B		
3	检查油漆颜色	C		
4	管道隔热工程施工	B		
5	设备隔热工程施工	B		
6	施工全过程控制	C		
十六、	采暖通风工程			
1	检查器材、设备合格证书	B		必查
2	检查设备基础交接	B		
3	基础处理	B		
4	空调机的安装	B		
5	空调机通风管道及其附件的施工	C		
6	空调机试运转	A		必查
7	检查采暖设施的安装	B		
8	管道强度、严密性试验	A		必查
9	隐蔽工程检查	A		必查
10	施工全过程控制	C		
十七、	电信工程			
(一)	通信			
1	检查器材、设备合格证书	A		必查
2	检查电缆敷设	B		
3	检查设备安装	B		
4	系统调试、试运行	A		必查
(二)	消防系统			
1	检查消防系统的安装	B		
2	隐蔽工程检查	A		必查
3	检查火灾报警系统安装、调试	A		必查
4	认证检查	A		必查

续表3-10

序号	工程质量控制点	等级	表号	备注
(三)	施工全过程控制	C		
第二类　储罐系统工程				
一、	桩基工程			
1	验桩质量检验	B		
2	工程定位测量	B		必查
3	钢筋混凝土浇筑	B		
4	钢筋焊接接头质量检查	B		
5	桩的动(静)荷载试验	A		必查
二、	土建工程			
1	基础工程施工方案	A		必查
2	工程定位测量	B		必查
3	地基验槽(坑)	A		设计、地勘参加
4	验证钢筋、水泥等材料合格证书及材料实验报告	B		
5	审定混凝土试块实验报告及质量评定记录	B		
6	基础复测	B		
7	检查钢筋绑扎质量	A		
8	检查钢筋绑扎焊接情况及实验报告	A		
9	检查预埋件、预埋管、预留洞的位置	B		
10	检查模板尺寸、支撑、刚度、稳定性	B		
11	混凝土浇筑前隐蔽工程检查	A		必查
12	混凝土的养护	C		
13	检查沥青砂下层回填土的质量和密实度	B		
14	检查沥青砂绝缘层坡度、平整度	B		
15	检查沥青砂绝缘层压实后的密实度	B		
三、	储罐本体工程			
(一)	施工准备			
1	审核储罐安装工程施工方案	A		必查

续表3-10

序号	工程质量控制点	等级	表号	备注
2	检查原材料、焊接材料及储罐附件的合格证明材料	B		必查
3	基础交安检查项目	A		必查
(1)	基础标高和坡度	B		
(2)	沥青砂、凸凹度、贯穿性裂缝	B		
4	环梁的椭圆度、宽度偏差、环梁水平度	B		
5	预制	C		
6	检查焊工资质、无损探伤人员资质、工艺评定	A		必查
7	隐蔽工程检查(罐底板喷砂除锈及防腐检查)	A		必查
8	罐壁的开孔接管检查	B		
9	开孔接管整体热处理(如果有)	A		必查
(二)	罐底施工			
1	罐底板排板图检查	B		
2	罐底边缘板的组对、焊接、探伤质量	B		
3	罐底板、中幅板焊接检查	B		
4	安装过程中防腐层是否破坏	B		
5	检测罐底焊后的凹凸度	A		必查
6	T 型焊缝探伤检查	B		
7	储罐真空试验检查	B		
8	圈板和边板大角焊缝检查	B		
(三)	罐壁施工			
1	壁板的排板图检查	B		
2	边板对接焊缝与第一圈圈板纵缝距离检查	C		
3	第一圈板的上口水平度、垂直度、椭圆度	B		
4	各层圈板的垂直度	B		
5	焊缝内壁焊疤的打磨情况	B		
6	储罐焊接完成后的垂直度、椭圆度和高度、半径偏差检查	A		必查
7	焊缝外观质量检查	B		

续表3-10

序号	工程质量控制点	等级	表号	备注
8	焊缝煤油渗漏检查	B		
9	焊缝的无损检测	A		
(四)	罐顶施工			
1	罐顶板排板图检查	B		
2	罐顶板坡口的组对、焊接质量	C		
3	检测浮顶焊后的凹凸度	B		必查
4	煤油试漏	B		
5	罐顶开口方位检查	B		
6	罐顶附件的安装检查(测罐顶支柱套管的垂直度)	B		
(五)	其他			
1	加强圈、抗风圈焊接质量检查	B		
2	梯子平台安装、焊接检查	B		
(六)	防腐			
1	罐底上表面	B		
2	罐内壁	B		
3	罐外壁	B		
4	罐顶	B		
5	梯子平台及附件	B		
(七)	罐顶密封	B		
(八)	总体试验			
1	充水试验(强度、连密性、罐体稳定性)	A		必查
2	气柜钟罩、中节(储罐内浮顶)升降试验	A		
3	基础沉降观测	A		必查
四、	阴极保护系统安装			
	按照阴极保护的施工程序进行质量监督	B		
五、	设备隔热工程施工(隐蔽工程)	B		
六、	储罐配管安装			

续表3-10

序号	工程质量控制点	等级	表号	备注
1	检查到货材料和配件的合格证书	B		必查
2	检查焊工资质、无损探伤人员资质、工艺评定	A		
3	阀门试验	B		
4	安全阀调整试验	B		必查(委托现场机构完成)
5	检查管道安装水平和垂直度	C		
6	检查管道清洁度	B		
7	检查预制合格管道标识及移植	C		
8	固定管架及弹簧支、吊架调整	B		
9	管道与机泵无应力连接情况	A		必查
10	管道焊接外观质量和焊缝无损检测	A		
11	管道强度、严密性试验	A		必查
12	管道吹洗(脱脂)	B		
13	管道试压全部完成后检查盲板拆除	B		
14	管道隔热工程施工(隐蔽工程记录)	B		
七、	储罐仪表安装			
1	检查产品合格证书	B		必查
2	仪表安装前调校检查	B		
3	温度仪表安装检查	B		
4	压力仪表安装检查	B		
5	流量仪表安装检查	B		
6	物位仪表安装检查	B		
7	分析仪表安装检查	B		
8	气体检测仪表安装检查	B		
9	调节阀安装检查	B		
10	仪表管路试压脱脂、酸洗	B		
11	电缆(线)绝缘电阻测定	B		
12	电缆敷设	B		

续表3-10

序号	工程质量控制点	等级	表号	备注
13	接地极、接地电阻测定	B		
14	报警、连锁系统实验	A		必查
15	仪表系统调试	B		必查
16	仪表联校	B		必查
八、	储罐电气安装			
1	检查电气设备、材料合格证书	B		必查
2	检查静电接地隐蔽工程施工	A		必查
3	接地电阻测量	A		
4	电气设备安装	B		
5	电缆敷设前，槽架安装检查	B		
6	电缆敷设和绝缘检查	B		
7	照明线路绝缘检查及试照	B		
九、	储罐给排水系统安装			
1	工程定位测量	B		必查
2	管沟复测	B		
3	检查管道除锈	B		
4	防腐工程施工	B		
5	防腐绝缘层电火花检测	A		必查
6	管道回填之前检查	B		
7	管道焊接检查(含无损探伤)	B		
8	井室砌筑(阀门井)	C		
9	地下管道水压试验	A		必查
10	回填检查	B		
11	水消防系统的施工和报检	C		

附件 3　质量管理报表

1. 施工单位焊工焊接质量周报表，如表 3-11 所示。

表 3-11　施工单位焊工焊接质量周报表

施工单位				检测单位				填报日期		月 日— 月 日		
序号	姓名	焊工号	作业天数	焊接焊口数	探伤情况	无损探伤合格数					合格率/%	
					片数/焊口数	RT		UT	MT	PT	探伤片	焊口
						合格片	焊口	焊口	焊口	焊口		
施工单位填表人						检测单位填表人						

2. 施工单位焊接质量月报表，如表 3-12 所示。

表 3-12　施工单位(　　)月焊接质量月报表

<table>
<tr><th rowspan="2">区域
单元名称</th><th rowspan="2">设备/管道编号</th><th rowspan="2">焊口总数/道</th><th rowspan="2">检测比例/%</th><th colspan="5">RT 检测或其他检测方法</th></tr>
<tr><th>检测焊口/道</th><th>拍片数量/张</th><th>返修片/张</th><th>一次焊接合格率/%</th><th>备注</th></tr>
<tr><td></td><td></td><td></td><td></td><td></td><td></td><td></td><td></td><td></td></tr>
<tr><td></td><td></td><td></td><td></td><td></td><td></td><td></td><td></td><td></td></tr>
<tr><td></td><td></td><td></td><td></td><td></td><td></td><td></td><td></td><td></td></tr>
<tr><td></td><td></td><td></td><td></td><td></td><td></td><td></td><td></td><td></td></tr>
<tr><td></td><td></td><td></td><td></td><td></td><td></td><td></td><td></td><td></td></tr>
<tr><td></td><td></td><td></td><td></td><td></td><td></td><td></td><td></td><td></td></tr>
<tr><td></td><td></td><td></td><td></td><td></td><td></td><td></td><td></td><td></td></tr>
<tr><td></td><td></td><td></td><td></td><td></td><td></td><td></td><td></td><td></td></tr>
<tr><td></td><td></td><td></td><td></td><td></td><td></td><td></td><td></td><td></td></tr>
<tr><td></td><td></td><td></td><td></td><td></td><td></td><td></td><td></td><td></td></tr>
<tr><td></td><td></td><td></td><td></td><td></td><td></td><td></td><td></td><td></td></tr>
<tr><td></td><td></td><td></td><td></td><td></td><td></td><td></td><td></td><td></td></tr>
<tr><td></td><td></td><td></td><td></td><td></td><td></td><td></td><td></td><td></td></tr>
<tr><td></td><td></td><td></td><td></td><td></td><td></td><td></td><td></td><td></td></tr>
<tr><td>汇总</td><td></td><td></td><td></td><td></td><td></td><td></td><td></td><td></td></tr>
<tr><td colspan="5">施工单位：</td><td colspan="4">检测单位：</td></tr>
<tr><td colspan="5">结果分析及建议：</td><td colspan="4">结果分析及建议：</td></tr>
<tr><td colspan="5">填表人：</td><td colspan="4">填表人：</td></tr>
<tr><td colspan="5">日期：</td><td colspan="4">日期：</td></tr>
</table>

3. 第三方无损检测抽检结果统计表，如表3-13所示。

表3-13　第三方无损检测抽检结果统计表(日期　　)

区域单元名称	设备/管道编号	施工单位	无损检验情况(RT检测或其他检测方法)				
			抽检焊口/道	拍片数量/张	不合格数/张	抽检合格率/%	备注
汇总							
结果分析及建议：							
填报人：				检测单位：			
负责人：				日期：			

4. 第三方复评情况周报，如表 3-14 所示。

表 3-14　第三方复评情况周报(日期　　)

区域单元名称	设备/管道编号	施工单位	承包商自检				第三方复评			
			焊口数量/道	拍片数量/张	返修片数/张	一次焊接合格率/%	焊口数量/道	重拍片数/张	重返修数量/张	一次合格率/%
汇总										
结果分析及建议：										
填报人：						复评单位：				
负责人：						日期：				

5. 抽检周报，如表 3–15 所示。

表 3–15　（括号内填单元和承包商）抽检周报（月报）

<table>
<tr><th rowspan="2">区域
单元名称</th><th rowspan="2">设备/
管道编号</th><th rowspan="2">施工单位</th><th colspan="4">抽检情况</th></tr>
<tr><th>抽检
方法</th><th>抽查
数量/点</th><th>不合格
数量/点</th><th>备注</th></tr>
<tr><td></td><td></td><td></td><td></td><td></td><td></td><td></td></tr>
<tr><td></td><td></td><td></td><td></td><td></td><td></td><td></td></tr>
<tr><td></td><td></td><td></td><td></td><td></td><td></td><td></td></tr>
<tr><td></td><td></td><td></td><td></td><td></td><td></td><td></td></tr>
<tr><td></td><td></td><td></td><td></td><td></td><td></td><td></td></tr>
<tr><td></td><td></td><td></td><td></td><td></td><td></td><td></td></tr>
<tr><td></td><td></td><td></td><td></td><td></td><td></td><td></td></tr>
<tr><td></td><td></td><td></td><td></td><td></td><td></td><td></td></tr>
<tr><td></td><td></td><td></td><td></td><td></td><td></td><td></td></tr>
<tr><td></td><td></td><td></td><td></td><td></td><td></td><td></td></tr>
<tr><td></td><td></td><td></td><td></td><td></td><td></td><td></td></tr>
<tr><td></td><td></td><td></td><td></td><td></td><td></td><td></td></tr>
<tr><td></td><td></td><td></td><td></td><td></td><td></td><td></td></tr>
<tr><td></td><td></td><td></td><td></td><td></td><td></td><td></td></tr>
<tr><td colspan="3">汇总</td><td></td><td></td><td></td><td></td></tr>
<tr><td colspan="7">分析结果及建议：</td></tr>
<tr><td colspan="3">填报人：</td><td colspan="4">抽检单位：</td></tr>
<tr><td colspan="3">负责人：</td><td colspan="4">日期：</td></tr>
</table>

6. 月份射线探伤合格率汇总，如表 3-16 所示。

表 3-16 (　　)月份射线探伤合格率汇总

项目	施工区域	承包商	承包商自检拍片/张	承包商自检合格率/%	第三方抽检拍片/张	第三方抽检合格率/%	名次

3.4　计划及统计管理程序

3.4.1　目的

为规范40万吨/年PBC项目的计划管理体系、分级计划管理职责、工程进度控制管理、工程统计以及信息反馈，特制订本程序。

3.4.2　适用范围

本程序适用于40万吨/年PBC项目进度计划、物资计划(含需求计划、采购计划和领用计划)、资金需求计划、工程统计等活动的管理。

3.4.3　工程计划管理体系

3.4.3.1　组织体系

本项目计划管理思路为逐层逐级负责，管理层级涉及项目经理部(HSPMT)和海沙石化项目建设领导小组；HSPMT下设控制部、工程部、采购部、财务部；另涉及监理单位、设计单位、施工承包商、供应商、项目物资库房。

3.4.3.2　计划、统计分类分级体系

1.进度计划

HSPMT采用三级进度计划体系，并辅以周计划、专项计划等完善进度计划体系。

(1)一级进度计划

一级进度计划是指导项目建设的总体时间框架型进度计划，是项目进度目标最直观、最基本的体现，包括项目里程碑计划和总体统筹控制计划。项目一级进度计划主要控制点有法定审批、项目准备、勘察设计、采购、施工、中交、生产准备和竣工验收等时间节点。项目一级进度计划一般采用条型计划格式。

(2)二级进度计划

二级进度计划是一个承上启下的中间计划，在一级进度计划基础上分解、细化编制。主要控制点有基础设计周期、基础设计审查、各专业详细设计周期、关键设备的设计周期、各专业采购单发出日期、各专业采购周期、具体长周期设备采购、土建施工周期(建筑物、构筑物、分区域、大型设备基础)、土建交安、安装各专业施工周期、具体长周期设备施工、重型设备吊装、中交日期等时间节点。

二级进度计划一般采用条型计划格式。

(3)三级进度计划

三级进度计划即三个月滚动计划，包括数据日期之后三个月内的工作内容，其中第一个月为执行计划，第二个月为准备计划，第三个月为目标计划。月计划是施工承包商对二级进度计划的分解，可分解至分部、分项工作。

(4)三周滚动计划

三周滚动计划是施工承包商及施工分包商对三级进度计划的更加细化和具体化，可分解至分项工作。

(5)专项进度计划

专项进度计划是施工承包商对有特殊工艺、特别困难单个项目等编制的单独详细的进度计划。

2. 物资计划

①物资需求计划：指为采购本项目所需设备、材料等，各部门提出的需求计划。

②物资采购计划：指 HSPMT 采购部根据控制部下达的需求计划制订的用于指导采购的详细计划。

③物资领用计划：指施工承包商根据工程施工需要，按合同约定向 HSPMT 提供的领用甲供材的计划。

3. 计划和统计周期

①月度计划和统计周期：为自上月 26 日起至本月 25 日止数据。

②季度计划和统计周期：为自上季末月 26 日起至本季末月 25 日止数据。

③年度计划和统计周期：为自当年 1 月 1 日起至本年 12 月 31 日止数据。

3.4.4 职责分工

3.4.4.1 项目经理部(HSPMT)

建立进度计划管理体系，健全进度计划管理规章制度；制订项目总进度目标；制订项目里程碑计划；编制项目总体统筹控制计划；审批项目一级进度计划。

3.4.4.2 HSPMT 控制部

控制部为项目计划管理归口单位，负责项目计划、实施监督、统计和分析等全过程管理；编制项目总体统筹控制计划并监督实施；组织编制项目一级进度计划并监督实施；建立并管理项目工作分解结构(WBS)编码体系；审批设计、施工和采购二级进度计划；下达物资需求计划，监督物资采购计划执行，制订物资到货、接运计划；根据 HSPMT 工程部审定的领料计划审核施工承包商提交的领料清单，根据领料清单审核库房提交的出库报表；汇总并分析监理上报、工程部审核的施工承包商分专业的月人工时计划和施工机械进出场计划；汇总并分析监理上报、工程部审核的施工承包商分专业的月人工时统计数据和施工机械台班使用数据；每月25日完成工程计划进度月报；汇总HSPMT月工作计划，检查执行情况，向HSPMT汇报。HSPMT各部门应每月26日前向控制部书面提供当月工作计划执行情况及下月工作安排，当月工作计划未完成的，须说明原因，提出措施和完成时间。

3.4.4.3　HSPMT工程部

协助HSPMT控制部编制一级进度计划和总体统筹控制计划；组织编制设计二级进度计划并监督实施，每月分析偏差；每月24日向控制部提供、提报物资需求计划；审核监理审核上报的施工承包商编制的施工图甲供材料表，根据施工图甲供材料表补充提报物资需求计划；审定施工承包商编制的经监理审核的季度和月度领料计划；审定监理上报的施工承包商分专业的月人工时计划和施工机械进出场计划，每月15日完成并向控制部提供；审批监理上报的施工承包商当月工程进度计划执行情况报告和月工程量统计报表，对当月未完成的工程进度计划，须分析原因，提出明确的建议和措施，每月24日向控制部提供；审定监理上报的施工承包商分专业的月人工时统计数据和施工机械台班使用数据，每月23日完成并向控制部提供；协助控制部编制工程计划进度月报；按时向控制部提供当月工作计划执行情况及下月工作安排。

3.4.4.4　HSPMT采购部

协助HSPMT控制部编制一级进度计划和总体统筹控制计划；按照控制部下达的物资需求计划组织采购；组织编制采购二级进度计划并监督实施，每月24日向控制部提供采购信息和偏差分析报告；监控承包商工作进度，分析偏差，每月24日向控制部提供偏差分析报告；负责物资接运、交货验收，会同供应商编制完成交货清单并审核接收；审核物资入库报表，每月24日向控制部提供报表；协助控制部制订物资到货、接运计划；协助控制部编制工程计划进度月报；按时向控制部提供当月工作计划执行情况及下月工作安排。

3.4.4.5　HSPMT财务部

根据HSPMT工程部审定的领料计划审核施工承包商提交的领料清单并加盖财务专用章，根据交货清单和领料清单复核库房提交的入库、出库和库存报表；协助控制部编制工程计划进度月报；按时向控制部提供当月工作计划执行情况及下月工作安排。

3.4.4.6 其他各部门

协助控制部编制一级进度计划和总体统筹控制计划；编制物资需求计划技术部分资料，审核物资领用计划；协助控制部编制工程计划进度月报；按时向控制部提供当月工作计划执行情况及下月工作安排。

3.4.4.7 监理单位

协助HSPMT编制总体统筹控制计划、一级进度计划和二级进度计划；建立并维护施工进度监测系统；审批施工承包商上报的三级进度计划(季计划、月计划)和工程款拨付计划，监督实施，每月23日向HSPMT工程部和控制部提供偏差分析报告；审核施工承包商上报的分专业的下月人工时计划和施工机械进出场计划，每月15日完成并提交HSPMT工程部审定；审核施工承包商编制的施工图甲供材料表，报HSPMT工程部复核；审核施工承包商上报的领料计划(季计划、月计划)，报HSPMT工程部审定；审核施工承包商上报的当月工程进度计划执行情况报告和月工程量统计报表，对当月未完成的工程进度计划，须分析原因，提出明确的建议和措施；审核施工承包商上报的分专业的当月人工时统计数据和施工机械台班使用数据，每月22日完成并提交HSPMT工程部审定；审核施工承包商上报的进度款支付申请；每月23日向HSPMT提供监理月报。

3.4.4.8 施工承包商

每月12日向监理报下月施工三级进度计划和工程款拨付计划；每季度末月12日向监理报下季度施工三级进度计划及工程款拨付计划；每月12日向监理报上月出库清单和下月领料计划；每季度末月10日向监理报下季度领料计划；每月12日向监理上报分专业的下月人工时计划和施工机械进出场计划；每月22日向监理报当月工程进度计划执行情况、当月已完工程量统计报表，对当月未完成的工程进度计划，须分析原因，属施工承包商自身原因的，必须明确措施和拟完成时间；每月22日向监理上报分专业的当月人工时统计数据和施工机械台班使用数据；根据HSPMT工程部审定的领料计划向HSPMT控制部报领料清单，领料清单经HSPMT控制部审核、HSPMT财务部复核，加盖财务专用章后到库房领料。

3.4.4.9 项目库房

按合同和HSPMT采购部提供的交货清单验收，接收货物，建立入库台账；按HSPMT审批的，加盖HSPMT财务专用章的领料清单发放物资，建立出库台账；每月22日向HSPMT提供当月物资入库、出库和库存报表。

3.4.5 物资供应计划

HSPMT各部门根据管理职责向HSPMT控制部提报物资需求计划。对甲供材

计划，HSPMT工程部应根据设计单位提交的材料清单或施工图主材表，按施工合同约定的甲供材范围向HSPMT控制部提报物资需求计划，为尽可能减少工程剩余物资，工程部在收到材料清单或施工图主材表后，可按材料清单或施工图主材表的甲供材数量提报50%~80%的需求计划，待审核完成施工单位按施工图计算的甲供材清单补充提报剩余甲供材需求计划。HSPMT控制部根据各部门提报的需求计划，按工程进度计划向HSPMT采购部下达需求计划。HSPMT采购部根据控制部下达的需求计划组织采购，及时向HSPMT有关部门反馈采购信息。施工承包商根据收到的图纸资料，按合同约定甲供材范围向监理报甲供材清单。监理对施工承包商提交的按图纸计算的甲供材清单进行审核后提交HSPMT工程部复核，HSPMT工程部复核后及时提报补充材料计划。施工承包商根据季度、月度施工进度计划，向HSPMT监理提交季度、月度甲供材领料计划，监理对施工承包商提交的领料计划进行审核后提交HSPMT工程部审定。施工承包商根据HSPMT审定的领料计划向HSPMT控制部提交领料清单。HSPMT控制部审核领料清单后，提交HSPMT财务部加盖财务专用章后返施工承包商到库房领料。HSPMT采购部会同供货商在交货前完成交货清单。供货商或承运商在交货后，有关各方在交货清单上签字认可。库房每月定期向HSPMT提交入库、出库和库存报表，其中入库报表由HSPMT采购部审核、财务部复核，出库报表由HSPMT控制部审核、财务部复核，库存报表由HSPMT财务部审核。

3.4.6　进度计划调整与纠偏

一级进度计划系项目管理最高计划，原则上不予调整。当工程实际进度与计划产生较大差异且通过赶工措施仍无法完成计划时，由工程部会同监理单位或采购部向HSPMT控制部提出修改一级进度计划的书面申请，HSPMT控制部同意后上报HSPMT，得到HSPMT认可后方能做出适当修改。

二级计划的调整由工程部或采购部向控制部提出书面申请，经控制部审核同意后方可进行。

施工三级计划由施工承包商根据周计划等计划执行情况和统计数据每月进行一次调整和更新，由施工承包商报监理审核，HSPMT工程部审批。

3.4.7　进度监测

3.4.7.1　设计进度监测

设计进度监测由HSPMT设计经理负责，每月23日向控制部提供设计进度计划执行情况和设计图纸资料交付情况。HSPMT控制部合同工程师应加强设计合同执行情况跟踪，协助HSPMT设计经理协调设计单位按计划交图。

3.4.7.2 采购进度监测

采购进度监测由采购部负责，每月 23 日向控制部提供采购进度计划执行情况(包括厂家资料返回情况)。

3.4.7.3 施工进度监测(监理负责)

①监理应建立施工进度监测系统。

②施工进度监测的基准，一是基础设计工程量及月度计划，二是图纸工程量及季度、月度计划，主要包括：

a. 根据项目 WBS(施工部分)及基础设计工程量，建立分装置、分单元、分专业的工程量数据表，报 HSPMT 工程部审定后作为进度监测系统基础，一般不得调整，除非有重大设计变更(对基础设计工程量有较大影响)。

b. 根据二级进度计划，按《工序比重参照表》(见本节末附件，表 3-17～表 3-52)预测各月施工进度百分比、工程量及进度款，并根据进度款计划绘制各装置进度 S 曲线。报 HSPMT 工程部审定后作为进度监测系统基础，可根据二级进度计划相应调整。

c. 建立图纸工程量数据表，报 HSPMT 工程部审定。根据收到的施工图，每月更新。

d. 根据三级进度计划及图纸工程量数据表，按《工序比重参照表》预测后 3 个月及下月施工进度百分比及工程量。由施工承包商编制，监理审定，一般不得调整。

③审核施工承包商上报的完工工程量数据表，提交 HSPMT 工程部审定。

④将审定的当月完工工程量数据表与计划进行对比，绘制各装置实际进度 S 曲线，分析进度计划执行偏差，提出处理措施。

⑤进度监测分析为进度月报的一部分，进度月报每月 24 日送 HSPMT 控制部和工程部。

HSPMT 费用控制工程师根据计划工程师提供的设计、采购、施工进度计划及实际完成情况完成费用月报，并绘制项目进度 S 曲线(反映投资计划完成情况)。

3.4.8 项目进度计划月报

项目进度计划月报由 HSPMT 控制部计划工程师编制，HSPMT 各部门、监理、承包商按职责分工及按资料提供要求向 HSPMT 控制部计划工程师提供有关资料。本项目进度计划月报的内容包括：

本月工程进度及形象总说明、各装置各专业已完工程量统计表；

各级控制点完成情况总结；

具体描述设计、采购、施工问题并分析原因；

已经采取或即将采取的纠偏措施；

S 曲线图，包括项目总进度 S 曲线图，设计、采购、施工进度 S 曲线图，各装置 S 曲线图。

3.4.9　其他

除本程序规定的表格外，各部门应根据自身管理需要建立相应的台账。

本程序解释权归 HSPMT 控制部，本程序自发布之日起执行，执行过程中如发现不完善之处，请及时向 HSPMT 控制部反映，由 HSPMT 控制部及时修订完善。

附件　工序比重参照表

一、建筑工程

1. 一般民用建筑工序比重参照表，如表 3-17 所示。

表 3-17　一般民用建筑工序比重参照表

工序名称	工序比重/%	累计比重/%	备注
1. 土建部分	80	80	
1.1 桩基工程	5	5	
1.2 基础工程	10	15	
1.3 主体工程	40	55	
1.4 屋面工程	5	60	
1.5 门窗工程	15	75	
1.6 楼地面工程	5	80	
1.7 室内装修工程	8	88	
1.8 外檐装饰工程	8	96	
1.9 脚手架	2	98	
1.10 其他	2	100	
2. 安装部分	10	90	包括采暖、给排水
3. 电气部分	10	100	
合计	100	100	

2. 一般工业厂房工序比重参照表，如表 3-18 所示。

表 3-18　一般工业厂房工序比重参照表

工序名称	工序比重/%			备注
	钢结构	砖混结构	框架结构	
1. 基础	12	15	15	采暖、给排水、通风等安装工程另计
1.1 桩基	30	—	30	
1.2 基础	70	100	70	
2. 主体(柱、梁)	40	35	30	
2.1 预制	40	—	—	
2.2 安装	60	—	—	
3. 墙(砌体)	3	10	10	
4. 屋面、楼地面	5	5	10	
5. 门窗	5	10	5	
5.1 门	30	30	30	
5.2 窗	70	70	70	
6. 内外装饰(抹面等)	5	5	5	
7. 地面	5	5	5	
8. 劳动保护安装	5	5	5	
9. 防腐施工	9	3	5	
10. 防火施工	5	2	5	
11. 其他	5	5	5	
合计	100	100	100	

3. 设备基础工序比重参照表，如表 3-19 所示。

表 3-19　设备基础工序比重参照表

工序名称	工序比重/%	备注
1. 桩基施工	15	
2. 基坑开挖	10	
3. 基础垫层	5	

续表3-19

工序名称	工序比重/%	备注
4. 钢筋绑扎	20	
5. 模板支设	5	
6. 基础混凝土浇筑	25	
7. 模板拆除	5	
8. 铺沥青砂(罐基础)	10	如无，分别并入钢筋绑扎和混凝土浇筑
9. 其他	5	包括二次灌浆抹面
合计	100	

4. 管廊工序比重参照表，如表3-20所示。

表3-20　管廊工序比重参照表

工序名称	工序比重/%	备注
1. 基础	25	
1.1 桩基	30	
1.2 基础	70	
2. 钢结构	50	
2.1 钢结构预制	40	
2.2 钢结构安装	60	
3. 防腐施工	15	
4. 防火施工	10	
合计	100	

5. 现场构件预制、安装工序比重参照表，如表3-21所示。

表3-21　现场构件预制、安装工序比重参照表

工序名称	工序比重/%	备注
1. 预制	45	其中：地模10%
2. 吊装	55	
合计	100	

6. 水池(混凝土现浇)工序比重参照表，如表 3-22 所示。

表 3-22 水池(混凝土现浇)工序比重参照表

工序名称	工序比重/%	备注
1. 基坑开挖	10	包括地基处理
2. 混凝土垫层	5	
3. 钢筋绑扎	20	
4. 模板支设	5	
5. 主体浇筑	25	包括各种预埋件
6. 模板拆除	5	
7. 池壁抹面	5	
8. 防腐	10	无防腐时计入主体
9. 回填	5	
10. 辅助设施安装	10	
合计	100	

7. 竖向工序比重参照表，如表 3-23 所示。

表 3-23 竖向工序比重参照表

工序名称	工序比重/%			备注
	现浇混凝土	铺混凝土预制块	防腐地坪	
1. 基层处理	30	40	30	
2. 结构层	50	50	30	
3. 面层施工	20	10	40	
合计	100	100	100	

8. 道路工序比重参照表，如表 3-24 所示。

表 3-24 道路工序比重参照表

工序名称	工序比重/%		备注
	混凝土道路	沥青道路	
1. 基层处理	30	30	
2. 结构层	50	40	
3. 面层混凝土浇筑	20	30	
合计	100	100	

9. 管沟(电缆沟)工序比重参照表，如表 3-25 所示。

表 3-25　管沟(电缆沟)工序比重参照表

工序名称	工序比重/%	备注
1. 沟槽开挖	20	
2. 垫层	10	
3. 沟体砌筑/浇筑	35	
4. 抹面	10	
5. 支架安装/填砂	15	
6. 盖板	10	
合计	100	

10. 砖石砌体工序比重参照表，如表 3-26 所示。

表 3-26　砖石砌体工序比重参照表

工序名称	工序比重/%	备注
1. 基础	20	
2. 主体砌筑	70	
3. 抹面及其他	10	
合计	100	

11. 炉窑砌筑工程工序比重参照表，如表 3-27 所示。

表 3-27　炉窑砌筑工程工序比重参照表

工序名称	工序比重/%	备注
1. 准备	10	包括材料检验等
2. 主体砌筑	80	
3. 烘炉	10	
合计	100	

12. 烟囱工序比重参照表，如表 3-28 所示。

表 3-28　烟囱工序比重参照表

工序名称	工序比重/%	备注
1. 准备	10	包括材料检验等
2. 主体砌筑	75	
3. 衬里	15	
合计	100	

二、安装工程

1. 设备安装

(1)泵类、风机类安装工序比重参照表，如表3-29所示。

表3-29 泵类、风机类安装工序比重参照表

工序名称	工序比重/%	备注
1. 进场检验	10	
2. 安装就位	30	
3. 精平找正	30	
4. 电机单试	20	
5. 单机试运	10	
合计	100	

(2)压缩机类安装工序比重参照表，如表3-30所示。

表3-30 压缩机类安装工序比重参照表

工序名称	工序比重/%	备注
1. 安装就位	45	包括准备阶段
2. 解体清洗	20	
3. 附机及配件安装	15	
4. 精平找正	5	
5. 油冲洗	10	油循环
6. 试运转	5	
合计	100	透平机按此工序执行

(3)冷换设备、反应器类安装工序比重参照表，如表3-31所示。

表3-31 冷换设备、反应器类安装工序比重参照表

工序名称	工序比重/%	备注
1. 进场检验	10	
2. 安装就位	30	包括准备阶段
3. 找正	20	
4. 抽芯检查	15	
5. 劳动保护安装	10	
6. 试压	10	

续表3-31

工序名称	工序比重/%	备注
7. 保温(冷)	5	
7. 1 除锈刷漆	40	
7. 2 保温(冷)	60	
合计	100	

(4)容器类安装工序比重参照表，如表 3-32 所示。

表 3-32　容器类安装工序比重参照表

工序名称	工序比重/%	备注
1. 进场检验	10	
2. 安装就位	35(40)	包括准备阶段
3. 找正	30	
4. 劳动保护安装	10	整体到货按括号内比重执行
5. 试压	10(0)	
6. 保温(冷)	5(10)	如无，则并入安装
6. 1 除锈刷漆	40	
6. 2 保温(冷)	60	
合计	100	

(5)塔类安装工序比重参照表，如表 3-33 所示。

表 3-33　塔类安装工序比重参照表

工序名称	工序比重/%	备注
1. 进场检验	10	
2. 吊装就位(设备组对焊接)	30(40)	
3. 劳动保护安装	15	
4. 塔盘安装(内衬、填料等附件安装)	30	
5. 试压	10(0)	整体到货按括号内比重执行
6. 防腐保温	5	如无，并入塔盘安装
6. 1 除锈刷漆	40	
6. 2 保温	60	
合计	100	

(6)罐类(拱顶罐、锥顶罐等)安装工序比重参照表，如表3-34所示。

表3-34 罐类(拱顶罐、锥顶罐等)安装工序比重参照表

工序名称	工序比重/%	备注
1. 下料预制	20	包括平台搭设等准备工作
2. 组装焊接	40	
3. 附件安装	15	
4. 劳动保护安装	10	
5. 试压	10	
6. 防腐及保温(冷)	5	
6.1 除锈刷漆	40	
6.2 保温	60	
合计	100	

(7)整体到货的槽类等设备安装工序比重参照表，如表3-35所示。

表3-35 整体到货的槽类等设备安装工序比重参照表

工序名称	工序比重/%	备注
1. 入场检验	10	
2. 安装就位	30	包括平台搭设等准备工作
3. 找正	20	
4. 内件等附件安装	15	如无，并入找正
5. 劳动保护安装	10	
6. 试压	10	如无，并入附件安装
7. 保温	5	如无，并入安装就位
7.1 除锈刷漆	40	
7.2 保温	60	
合计	100	

(8)散装锅炉(不包括筑炉部分)安装工序比重参照表，如表3-36所示。

表3-36 散装锅炉(不包括筑炉部分)安装工序比重参照表

工序名称	工序比重/%	备注
1. 炉体结构预制安装	15	包括准备工作
2. 上、下汽包安装	5	

续表3-36

工序名称	工序比重/%	备注
3. 炉管胀接(焊接)	20	
4. 水冷壁安装焊接	10	
5. 对流段水管安装	10	
6. 空气预热器安装	5	
7. 省煤器安装	5	
8. 过热器安装	5	
9. 其他配件安装	10	
10. 炉整体清扫、试验	5	
11. 烘炉	10	
合计	100	

2. 管道安装

(1)地下管道(包括无缝钢管、铸铁管、钢筋混凝土管等)安装工序比重参照表，如表 3-37 所示。

表 3-37　地下管道(包括无缝钢管、铸铁管、钢筋混凝土管等)安装工序比重参照表

工序名称	工序比重/%	备注
1. 除锈防腐	10	如无，并入管线安装
2. 管沟开挖	15	包括工作坑
3. 管道预制	20	如无，并入管线安装
4. 管线安装	35	包括消火栓
5. 水压试验	10	
6. 电火花试验	5	如无，并入管沟回填
7. 管沟回填	5	
合计	100	

(2)工艺管道安装工序比重参照表，如表 3-38 所示。

表 3-38　工艺管道安装工序比重参照表

工序名称	工序比重/%	备注
1. 预制	20	预制
2. 安装	55	包括各类阀门
3. 无损检测(热处理)	10	

续表3-38

工序名称	工序比重/%	备注
4. 试压	10	室外采暖、给水管道按相应比重计算
5. 保温	5	
5.1 除锈刷漆	40	
5.2 保温	60	
合计	100	

(3) 采暖管道安装工序比重参照表，如表3-39所示。

表3-39 采暖管道安装工序比重参照表

工序名称	工序比重/%	备注
1. 管道预制	20	
2. 管道安装	45	包括各类阀门
3. 散热器安装	20	
4. 试压	10	
5. 防腐	5	
合计	100	

(4) 室内给排水管道安装工序比重参照表，如表3-40所示。

表3-40 室内给排水管道安装工序比重参照表

工序名称	工序比重/%	备注
1. 上水管道预制安装	30	
2. 下水管道预制安装	35	
3. 水表、水箱等安装	10	
4. 大便器、洗涤盆等安装	15	
5. 管道试压防腐	10	
合计	100	

(5) 烟道、风道管道安装工序比重参照表，如表3-41所示。

表3-41 烟道、风道管道安装工序比重参照表

工序名称	工序比重/%	备注
1. 下料、剪切、滚圆	10	
2. 分节组焊完	30	

续表3-41

工序名称	工序比重/%	备注
3. 除锈、防腐	10	衬里另计
4. 分大段组焊	15	
5. 就位、试漏	15	
6. 部件制作安装	15	
7. 其他	5	
合计	100	

(6)大型阀门安装工序比重参照表，如表3-42所示。

表3-42　大型阀门安装工序比重参照表

工序名称	工序比重/%	备注
1. 阀门研磨打压	40	
2. 阀门安装	60	此条在阀门特殊、高价情况下适用
合计	100	

3. 金属结构安装工序比重参照表，如表3-43所示。

表3-43　金属结构安装工序比重参照表

工序名称	工序比重/%	备注
1. 下料、剪切、调直	15(0)	机械厂预制或随设备到货预制深度达80%以上的结构按括号内比重计算。电槽及其他金属结构制安适用于本条
2. 预制焊接	30(30)	
3. 安装就位	40(55)	
4. 焊接、防腐等	15(15)	
合计	100	

4. 火炬安装工序比重参照表，如表3-44所示。

表3-44　火炬安装工序比重参照表

工序名称	工序比重/%	备注
1. 下料、剪切、调直	10	
2. 预制焊接	30	
3. 安装就位	40	
4. 火炬头安装	5	
5. 防腐等	15	
合计	100	

5. 保温(冷)工程安装工序比重参照表，如表 3-45 所示。

表 3-45　保温(冷)工程安装工序比重参照表

工序名称	工序比重/%	备注
1. 除锈刷底漆等	15	
2. 包保温材料	40	
3. 包玻璃布或油毡	10	
4. 包铁皮	35	适用于各类设备、管道及仪表工程
合计	100	

6. 电气安装工程

(1) 电气照明安装工序比重参照表，如表 3-46 所示。

表 3-46　电气照明安装工序比重参照表

工序名称	工序比重/%	备注
1. 保护管安装	45	包括管预制
2. 管内穿线及配线	35	
3. 灯具及附件安装	10	
4. 通电检验	10	
合计	100	

(2) 防爆照明安装工序比重参照表，如表 3-47 所示。

表 3-47　防爆照明安装工序比重参照表

工序名称	工序比重/%	备注
1. 管预制	10	
2. 配管	60	
3. 穿线及灯具安装	30	
合计	100	

(3) 变压器安装(大型)工序比重参照表，如表 3-48 所示。

表 3-48　变压器安装(大型)工序比重参照表

工序名称	工序比重/%	备注
1. 进场检验	10	
2. 本体安装就位	25	
3. 解体清洗检查	25	如无，则并入本体安装
4. 附件安装	15	

续表3-48

工序名称	工序比重/%	备注
5. 电气试验	10	小型变压器及其他电气设备按台计价，不分工序
6. 冲击试验	10	
7. 变压器受电	5	
合计	100	

(4) 动力配线工程安装工序比重参照表，如表3-49所示。

表3-49　动力配线工程安装工序比重参照表

工序名称	工序比重/%	备注
1. 电缆桥架/支架	30	
2. 电气设备安装	20	
3. 电缆敷设	35	
4. 电机接线(电缆头制作)	10	
5. 试运	5	
合计	100	

(5) 变电所工程安装工序比重参照表，如表3-50所示。

表3-50　变电所工程安装工序比重参照表

工序名称	工序比重/%	备注
1. 土建交安	5	
2. 变压器及配电盘安装	35	
3. 母线安装	15	
4. 盘内校、接线	15	
5. 电气调试	20	
6. 受送电	10	
合计	100	

(6) 防雷接地工程安装工序比重参照表，如表3-51所示。

表3-51　防雷接地工程安装工序比重参照表

工序名称	工序比重/%	备注
1. 预制	10	
2. 接地极安装	45	
3. 接地线连接	45	
合计	100	

(7)仪表工程安装工序比重参照表，如表 3-52 所示。

表 3-52 仪表工程安装工序比重参照表

工序名称	工序比重/%	备注
1. 仪表单校	10	
2. 仪表盘、箱安装(DCS 安装、可燃气体报警柜安装、ESD 安装)	15	
3. DCS 调校	5	
4. 桥架安装	15	
5. 保护管安装	15	
6. 电缆敷设	10	
7. 就地仪表安装	10	
8. 导压管安装	10	
9. 回路测试	5	
10. 联锁调试	5	
合计	100	

3.5 投资控制程序

3.5.1 目的

为做好 40 万吨/年 PBC 项目投资控制管理，指导项目经理部(HSPMT)按照统筹计划控制投资费用，严格管控工程变更和工程索赔，确保项目总造价控制在批准的基础设计概算范围内，特制订本控制程序。

40 万吨/年 PBC 项目的投资控制管理工作由项目经理部在海沙集团的指导下进行。

3.5.2 适用范围

适用于 40 万吨/年 PBC 项目全过程的投资控制，包括投资计划及资金需求计划表(见本节末附件，表 3-53)的编制、推荐中标价的审查、投资完成情况的统计等。

3.5.3 职责

项目经理部在海沙集团公司和海沙石化 40 万吨/年 PBC 项目领导小组的领

导下，对 40 万吨/年 PBC 项目投资控制工作进行全面、全过程控制。

40 万吨/年 PBC 项目投资控制归口项目经理部控制部管理，由控制部牵头，各部门协助，组织编制工程总体统筹控制计划中的项目费用控制计划；组织项目费用控制文件的编制及汇编审查工作；监督检查费用控制执行情况，每月对费用控制执行情况做出评价报告和工作总结；对采购进行跟踪，对偏离控制基准的费用进行分析，提出分析报告；对变更进行费用审查，提出意见和建议。

3.5.3.1　项目经理部有关人员

1. HSPMT 总经理

HSPMT 总经理领导项目经理部，负责项目全过程的投资控制工作。

2. 控制部经理

领导和指导费用控制工程师对工程项目全过程的投资控制工作。

3. 财务部经理

负责协调建设期资金筹措；负责资金管理。

4. 费用控制工程师

费用控制工程师是 40 万吨/年 PBC 项目全过程投资控制的实施人，在控制部经理的领导下，负责工程费用的分解，编制费用控制计划，对工程费用进行控制；按项目工作分解结构（WBS）进行费用分解，制订分项费用控制目标；审核推荐中标价，会同业务部门分析超费用控制目标原因，提出解决方案，供领导决策；每月对已完工程实际值与计划值进行比较，分析偏差原因，预测未完工程费用，提出意见和措施；按项目进度计划和已签订合同编制年、季、月投资计划；审查、汇总承包商资金需求计划，并与原预测的月投资计划比较，分析偏差，经控制部负责人审核后向财务部提报项目月度资金需求计划；与财务部每月核对实际支付数据，分析资金需用计划与实际支付偏差，提出措施；审核合同支付申请，建立发票支付台账（见本节末附件，表 3-54），办理 HSPMT 内部审批；按变更控制程序，对项目变更进行费用审查，提出意见；建立费用控制台账，每月编制项目费用报告（见本节末附件，表 3-55）；工程交工后，配合进行工程结算和工程决算。

5. 专业工程师

项目经理部各部门专业工程师负责按照批复的基础设计文件等审查详细设计，负责对详细设计与基础设计不一致内容提出不一致报告和评估意见，负责对施工图变更进行技术（包括质量、HSE 等）审查，负责施工变更审查，负责现场签证，涉及变更事项按变更处理程序处理，未经审批变更不得实施；负责审核项目投资控制所需要的文件资料，配合费用控制工程师做好项目全过程的投资控制工作，及时反馈有关信息。

3.5.3.2 监理工程师

审核承包商上报的月资金需求计划、月完成工程量报表及进度款支付申请并提交项目经理部；审核承包商上报的现场签证单并提交 HSPMT 控制部；未经审批的变更不得实施。

3.5.4 投资控制工作流程

投资控制工作流程如图 3-5 所示。

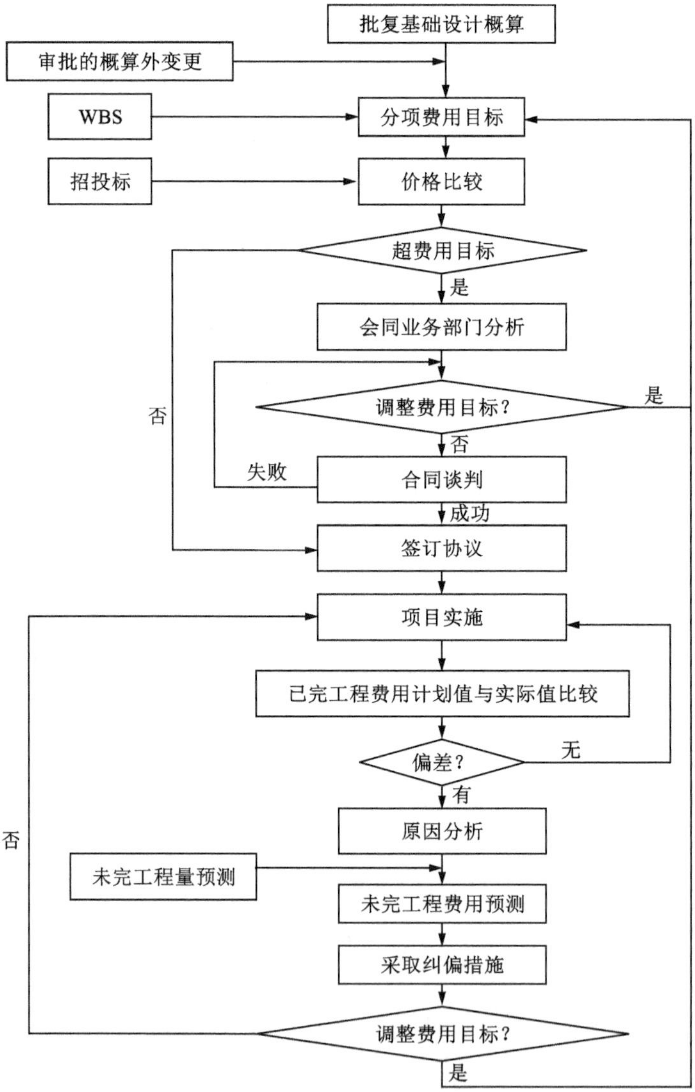

批复基础设计概算
审批的概算外变更
WBS
分项费用目标
招投标
价格比较
超费用目标
是
会同业务部门分析
调整费用目标？
是
否
否
失败
合同谈判
成功
签订协议
项目实施
已完工程费用计划值与实际值比较
偏差？
无
有
原因分析
否
未完工程量预测
未完工程费用预测
采取纠偏措施
调整费用目标？
是

图 3-5 投资控制工作流程

3.5.5　投资计划及资金需用计划工作流程

投资计划及资金需用计划工作流程如图 3-6 所示。

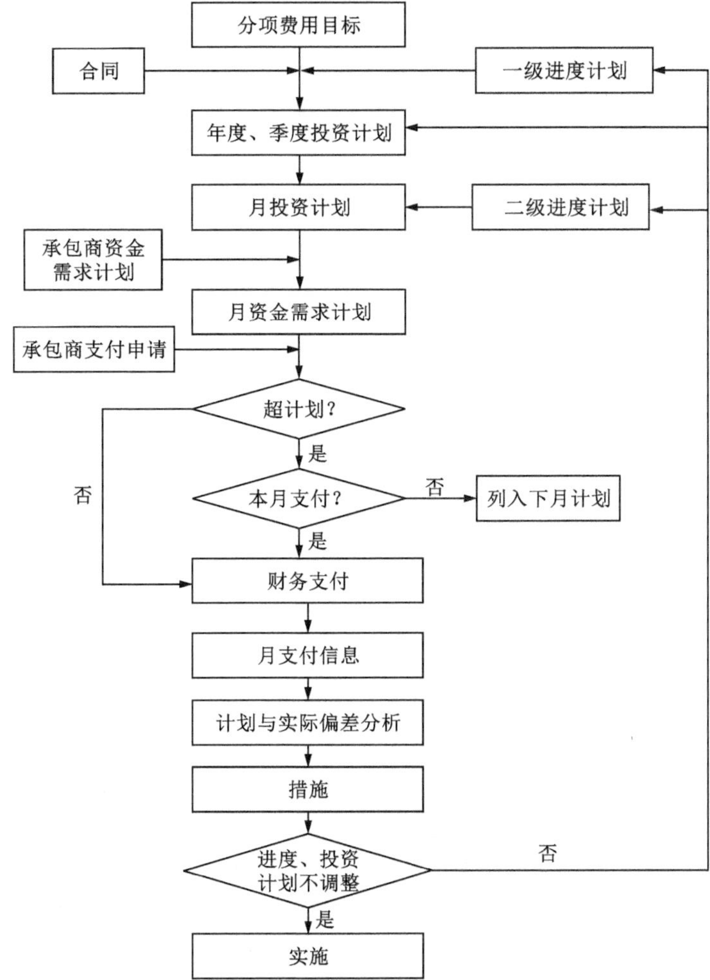

图 3-6　投资计划及资金需用计划工作流程

3.5.6　合同价款支付审核

3.5.6.1　业务经办人(控制部合同工程师/采购工程师)的主要工作

审核该支付是否已申报资金需求计划，未申报资金需求计划的原则上当月不支付，特殊情况与财务部协商，经财务部平衡资金，有资金盈余时可安排支付;

审核合同约定工作是否按合同要求完成，未按合同要求完成的应分析原因、明确责任，书面说明并提出措施，经部门负责人审核，相关部门负责人会审，主管副总经理审批后方能办理支付；

审核合同约定支付所必须的单证是否完整、正确无误；

填写项目专用资金支付审批表，送费用控制工程师审核。

3.5.6.2　费用控制工程师的主要工作

审核业务经办人提交的支付资料是否完整，支付是否符合合同约定；

复印保存支付有关凭证，在财务完成支付审批后复印保存资金支付审批表；

登记发票支付台账；

每月与财务核对支付数据，编制发票支付报告；

完成资金支付审批表在项目经理部内部的审批，直至 HSPMT 财务部审核完成。

3.5.6.3　其他

控制部/采购部负责人审核业务经办人提交的支付资料，确认正确无误。

HSPMT 总经理/副总经理按权限审批支付。

HSPMT 财务部依据财务制度和合同审核支付，并办理资金审批手续，按规定支付。

3.5.7　施工合同结算及进度款审核

HSPMT 工程部组织及时对施工图进行审查，设计交底后，由 HSPMT 资料室发监理 1 份、质量监督站 1 份、施工单位 6 份、HSPMT 工程部 1 份、审计驻 HSPMT 现场办公室 1 份，存档 1 份。同时做好施工图台账审查。

每月 5 日，施工承包商向监理提供上上月 26 日—上月 25 日收到的施工图清单及变更，每份施工图及变更的工程量表、甲供材料表一式七份。

每月 10 日，监理向 HSPMT 工程部提供上上月 26 日—上月 25 日收到的施工图清单及变更，并将审核完成的上述施工承包商提供的资料送 HSPMT 工程部审核。

每月 15 日，HSPMT 工程部完成施工监理提供的上述资料审核，交 HSPMT 资料室发放，其中留存 1 份，返监理 1 份、施工承包商 1 份，送 HSPMT 工程部 1 份、HSPMT 控制部 1 份、审计驻 HSPMT 现场办公室 1 份。

审计驻 HSPMT 现场办公室应及时审核施工图工程量，一是将审核发现的问题及时反馈给 HSPMT 及承包商；二是施工图工程量是今后工程结算的依据，及早审核既可避免按实结算合同进度款支付超结算的可能，也有利于合同结算尽早完成。

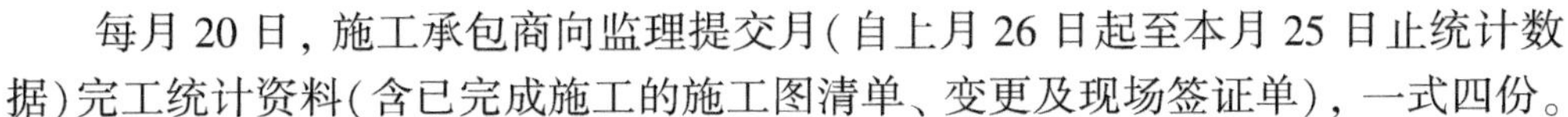

每月 20 日，施工承包商向监理提交月（自上月 26 日起至本月 25 日止统计数据）完工统计资料（含已完成施工的施工图清单、变更及现场签证单），一式四份。

每月 23 日，监理完成对施工承包商提交的月完工统计资料的审核，提交 HSPMT 工程部审定。

每月 25 日，HSPMT 工程部完成施工承包商月完工统计资料的审定，分发监理、施工承包商、HSPMT 工程部和控制部各 1 份。

每月 26 日，施工承包商根据审定的月完工统计资料编制进度款支付申请，一式六份。进度款支付申请应附详细的已完工程款计算书，工程款按合同约定计算方式计算。

原则上只有单张施工图、变更工程内容全部完成后才能根据审核的施工图、变更工程量编制月进度款支付申请，未完成全部施工内容的不得申报进度款。但对一些施工图和变更，其工作内容多，工程量大，1 个月时间无法完成全部工作的，可以按实际完成工程量支付进度款，是否属于此类情况由监理确定。

每月 28 日，监理审核完成施工承包商进度款申请并提交 HSPMT 工程部审核。

次月 5 日，HSPMT 工程部完成施工承包商进度款支付申请中工程量审核并提交 HSPMT 控制部审核费用。HSPMT 工程部做好审核确认的已完成施工的施工图清单、变更及现场签证单记录，在施工图、变更和签证台账中逐一登记，将台账中当月新增记录打印签字后送 HSPMT 资料室、控制部，及审计驻 HSPMT 现场办公室、监理和施工承包商。

次月 10 日，HSPMT 控制部根据上述资料完成施工承包商进度款支付申请中的费用审核。留存 1 份原始资料；将另外 5 份原始资料交 HSPMT 资料室分别发施工承包商 2 份（其中 1 份办理支付手续）、监理 1 份、HSPMT 工程部 1 份，HSPMT 资料室留存 1 份。

施工承包商根据 HSPMT 控制部审核的进度款支付申请开具发票，送 HSPMT 控制部合同工程师办理支付手续。

单项工程全部施工结束后，施工承包商按合同要求编制结算，工程结算经审计后，按审计结果办理结算支付。

3.5.8 费用月报

费用控制工程师应建立相关台账，按月出版费用月报，经控制部经理审核后发 HSPMT 总经理/副总经理，或其他相关人员。

费用月报主要包括月投资计划及资金需求计划执行情况，偏差分析，下月投资计划及资金需求计划；投资分项控制目标调整情况；审批的工程变更；已完工程价值分析，预计完工价值；问题和建议；等等。

附件

1. 海沙石化40万吨/年PBC项目资金需求计划表，如表3-53所示。

表3-53　海沙石化40万吨/年PBC项目资金需求计划表

『承包商盖章』　总监理工程师：　　　计划期：

承包商：　　　　　　　　　合同工程师：　　　费用控制工程师签收：

序号	合同号	支付项目	合同总额/万元	已累计支付/万元	未付款/万元	本次计划支付/万元	用款时间（　月　日至　月　日）	备注
合计								

2. 海沙石化40万吨/年PBC项目发票支付台账，如表3-54所示。

表3-54　海沙石化40万吨/年PBC项目发票支付台账

序号	合同号	合同名称	乙方	发票金额/元	发票号码	支付金额/元	支付外汇/元	支付事由	费用工程师审批日期	送财务审批日期	财务支付日期	WBS代码
合计												

3. 海沙石化40万吨/年PBC项目费用控制报告总表，如表3-55所示。

表3-55 海沙石化40万吨/年PBC项目费用控制报告总表

单位：万元

已签订合同/已发生费用与批复调整后概算对比	已完工价值	到完工时预计还将发生的费用	预计项目最终费用	批复调整后概算与最终费用对比	财务支出情况				
					本年前累计支付	本年支付	本年本月前支付	本月支付	累计支付

3.6 合同管理办法

3.6.1 总则

3.6.1.1 合同管理的指导思想和目标

合同管理的指导思想为贯彻执行国家有关法律法规及海沙集团公司和海沙石化有关规章制度，对合同前期总体策划、合同文本、合同审签、合同实施、索赔、合同报告、合同后评价等合同全过程实施管理。通过严格、规范、有效的合同管理，确保实现项目质量、HSE、进度、费用、信息等控制目标。

3.6.1.2 合同管理的范围

合同管理的范围包括纳入本项目投资范围内的所有建筑安装、咨询服务、勘察设计、技术许可、劳务服务、物资采购、办公设施采购、租赁、保险、运输、检验检疫、质量监督等合同/协议、订单(通称“合同”)。

3.6.1.3 合同管理组织机构

本项目合同归口 HSPMT 控制部管理，在 HSPMT 控制部、采购部设专职合同工程师负责合同事务工作。根据海沙石化内控制度要求，海沙石化财务、审计、法律、监察等部门派专职人员驻项目经理部参与并监督项目合同管理全过程。

3.6.2 合同总体策划

合同总体策划决定着项目的组织结构及管理体制，对整个项目管理有着根本性的影响，指导每个合同的签订，确保项目总目标和项目实施战略的实现。

3.6.2.1 合同总体策划的内容

(1)项目的合同计划

根据项目的合同策略并结合项目的预算分配，对项目主要的、可预见的合同做出总的框架性的预先安排。

(2)合同范围的划分

预定每个合同的工程/工作范围。

(3)合同价种类的选择

即选择单价合同或固定总价合同或成本加酬金合同或目标合同或其他合同的方式。

(4)招投标

明确采用招投标方式选择承包商合同。本项目招投标方式主要是邀请招标。

(5)合同文本

应尽可能采用海沙集团公司推荐的标准合同文本，并结合项目各合同实际补充完善。

(6)重要的合同条款的确定

如合同标的，合同价及支付方式，合同争议及解决，适用法律，风险，激励等。策划时，择要列出。

(7)合同准备、签订等大致日期

(8)其他方面的问题，包括注意事项等

3.6.2.2 注意事项

①合同总体策划还要研究各个合同，尤其是重要合同之间的协调问题，通过统筹安排，做到相互兼顾，使合同管理始终处于受控状态。

②采购合同总体策划由采购部会同有关部门负责编制，经项目总经理或授权人主持集体研究后批准执行。其余合同总体策划由控制部会同有关部门负责编制，经项目总经理或授权人主持集体研究后批准执行。

③统筹合同的实施(何时准备和签署合同)由控制部经理根据项目计划和进展情况适时书面向合同工程师和有关部门发出指令。统筹外的合同由各部门经理向控制部经理提出，经同意后适时向合同工程师和有关部门发出书面指令，以补充或调整合同统筹计划。

3.6.3　合同文本

合同文本原则上采用标准合同文本(依次选用海沙集团公司、国家和行业有关文本)，并结合项目各合同实际补充完善。采购(包括设备材料采购、监造、检验、仓储等)合同文本应由采购部牵头，其他合同文本应由控制部牵头，组织相关部门专业人员，在法律、财务、审计、监察等部门审查和支持下共同完成。

合同中的技术文件(包含会议纪要、图纸、工程量表、规范、保密协议、招标书、技术协议及其他等)，由合同技术文件签署人牵头，会同采购部或控制部完成。本项目授权下述人员(表 3-56)签署合同的技术文件。

表 3-56　合同签署人员表

姓名	授权签署合同技术文件
甲 1、甲 5	建筑安装，勘察，施工监理，第三方检验，分管工作内的咨询服务和劳务服务
甲 4	设计，采购合同技术文件(由装置经理签署的除外)，分管工作内的咨询服务和劳务服务
装置经理	分管装置采购合同技术文件
甲 8	监造，检验，仓储，分管工作内的劳务服务
甲 18、甲 19	贷款，分管工作内的咨询服务和劳务服务
甲 20	检疫，分管工作内的咨询服务和劳务服务
甲 13	分管工作内的咨询服务和劳务服务
甲 15	办公设施采购，租赁，保险，分管工作内的咨询服务和劳务服务
甲 3	技术许可，分管工作内的咨询服务和劳务服务

招标文件的有关内容(包括技术文件)和澄清纪要等内容应列入合同文本。

3.6.4　合同的审批和签订

本项目合同签订之前执行项目经理部内部审批程序，详见表 3-57，本项目授权如表 3-58 所示人员在授权范围内审批合同。

表 3-57　海沙集团公司海沙石化 40 万吨/年 PBC 项目合同审批表

<table>
<tr><td>合同名称</td><td colspan="3"></td><td>合同编号</td><td></td></tr>
<tr><td>批准文件</td><td colspan="3"></td><td>合同金额</td><td></td></tr>
<tr><td>送审部门</td><td></td><td>经办人</td><td></td><td>电 话</td><td></td></tr>
<tr><td>对方单位</td><td></td><td>经办人</td><td></td><td>电 话</td><td></td></tr>
<tr><td>合同形成
背景情况</td><td colspan="5">业务经办人：　　　　　日期：</td></tr>
<tr><td>职能部门
负责人意见</td><td colspan="5">签署人：　　　　　日期：</td></tr>
<tr><td>采购部/控制部
负责人意见</td><td colspan="5">审查人：　　　　　日期：</td></tr>
<tr><td>财务部门
审查意见</td><td colspan="5">审查人：　　　　　日期：</td></tr>
<tr><td>法律部门
审查意见</td><td colspan="5">审查人：　　　　　日期：</td></tr>
<tr><td>合同签约人
审批意见</td><td colspan="5">签约人：　　　　　日期：</td></tr>
</table>

表 3-58　合同审批人员表

职务	合同授权签约人	授权签署合同	授权签署金额
项目经理部 总经理	李四	所有合同	1000 万元以下合同
项目经理部 常务副总经理	王五	所有合同	100 万元以下合同
项目经理部 副总经理	卢六	采购，监造，运输， 检验，仓储，分管 工作内的劳务等合同	100 万元以下合同

3.6.4.1　合同专用章

①本项目合同专用章采用“海沙集团公司海沙石化合同专用章 3”(“3”表示独有的号数)。其他章号均不能代表本项目对外的合同(含采购合同)，不符合要求的合同，财务部拒绝付款。

②本项目合同专用章由项目经理部控制部专人保管和加盖，如遇特殊情况须借出，凭项目总经理的签字方可限时借出。

③合同盖章：合同有完整齐全的审批表及正确的合同编号以及具有相应权限的被授权人对合同文本的审定签字方能加盖合同专用章。

④合同签订审批表的保管：合同签订审批表原件在加盖合同专用章时由合同专用章加盖人收回保管，以备后查。

3.6.4.2　合同编号

①凡对外签订的合同和协议必须有项目经理部可识别的唯一合同编号。没有统一编号的合同，合同专用章保管人员拒绝盖合同专用章。

②本项目对外签订合同的编号由控制部和采购部专人按本管理办法规定给出或以确认的编号为准。

③由海沙集团公司物资装备部集中采购的合同，其编号按其规定确定。项目经理部在收到正式合同后按项目经理部合同编号规定另行确定一编号。

④合同签订后，双方签订的补充协议或变更协议的编号应与原合同一致；但应在原编号末加注“/1” “/2”等尾标，以示区别，履行完毕后与原合同一并归档。

⑤采用对方当事人提供的合同文本，且对方已编号的，仍应按本管理办法自行编号。

⑥本项目合同编号应为“VPMT××-A××-B01-001”，其中“VPMT”表示 40 万吨/年 PBC 项目；第 1 节“××”表示该合同签订年，如“09”表示 2009 年签订的合同；第 2 节“××”表示合同分类号(表 3-59)；“B01”表示合同工程师编号；“001”表示合同流水号。

表 3-59　合同分类号表

序号	分类名称	分类号
1	设计合同	01
2	施工合同	02
3	静止设备	03
4	主机	04
5	机泵	05

续表3-59

序号	分类名称	分类号
6	电气	06
7	仪表	07
8	管道	08
9	阀门	09
10	消防	10
11	环保	11
12	钢材	12
13	木材	13
14	水泥	14
15	其他	15

3.6.4.3 合同文件管理

①所有合同和协议在签署后即由合同工程师移交项目经理部行政部资料室分发，其中正本原件和一份副本原件留存在资料室，正本合同文件一般不得借出。副本原件发给财务部、工程部、合同工程师、费用工程师各一份，副本原件不足时可以复印件(合同技术文件可不复印)替代发放。

②合同技术文件等附件与合同商务文件分开签署的，应在签署后即由合同经办人员统一移交项目经理部行政部资料室统一保管，一般不得借出。

③所有合同和协议、合同技术文件等附件移交到项目经理部行政部资料室保管时，资料室应填写移交清单一式二份，由接收人和移交人签字后各留存一份。

④资料员接收合同文件后在每一页上打码。

⑤合同印花税由财务部统一计算交纳，合同工程师应按时提供必要的资料。

3.6.5 合同实施管理

合同签订后，各相关部门即根据合同约定，按职责分工对合同实施进行管理。合同款经相关部门审查后提请支付，本项目实行合同签订权和发票证明权(在资金支付申请时证明合同对方是否按合同约定执行的权力)分离的管理办法，凡有合同签字权的人不再具备发票证明权。本项目授权如表3-60所示人员签署发票证明。

表 3-60　发票签署人员表

姓名	授权签署发票证明
甲 8、甲 27	采购，监造，检验，仓储，分管工作内的劳务服务等合同支付
甲 28、甲 29	除上述合同外的其他合同支付

合同实施过程中，合同工程师应积极跟踪、监督、检查合同执行情况，最大限度地确保合同各项规定的落实，同时对我方可能违约造成承包商索赔进行预警，职能技术部门应及时提供合同实施过程中的情况和信息，包括委托、变更、审批、验收签字，纪要、函件和证明等文件。

合同工程师应根据合同条款，及时寻找和发现我方在合同执行中出现的漏洞和失误，对项目经理部有关人员提供合同咨询服务，使其正确行使合同规定的各项权力。

合同工程师应及时寻找对方合同执行中的漏洞，及时提出警告或索赔要求，协助项目经理部成员最大限度地利用合同赋予的权力，如指令权、审批权、检查权等来控制工期、成本和质量。

合同工程师应寻找合同协调中的漏洞，对工程项目的各个合同执行进行协调。

合同工程师应对来往信件、会谈纪要和指令等进行合同方面的审查。

合同工程师应做好合同实施档案管理，记录工程范围变更、商务及法律条款变更和因此导致的成本、进度计划的变更；记录对合同的修订，收集、记录和保存各种批准、通知、谈判纪要和来往信函等文件。

合同工程师应处理索赔与反索赔事务。

合同工程师应在月报中及时反映合同执行情况，提出建议、意见甚至警告。

各部门应协同做好合同实施管理工作；各部门应与合同工程师建立通畅的信息流，各部门与承包商之间交流须使用书面形式，并抄送给资料室和合同工程师，各部门按其职责对合同实施中形成的各种报告、通知等也应抄送给资料室和合同工程师。

3.6.6　索赔管理

3.6.6.1　索赔

①在日常的合同实施中，合同工程师和有关人员应积极预测可能引起的索赔事件，向主管部门负责人报告，提前协调，将我方可能的损失降到最低。

②违约方使工程进度、质量、费用和 HSE 等受到影响并出现损失后，应对违

约方进行索赔。

3.6.6.2 索赔的程序

1. 索赔意向通知

当出现索赔机会时，有关部门应迅速将有关情况告知合同工程师，以便在合同规定的时间内向乙方发出索赔意向通知，声明要对该事件提出索赔。索赔意向通知由合同工程师会同有关部门起草，经有关部门会签，采购部或控制部负责人签署后发出。

2. 起草并提交索赔报告

索赔意向通知发出后，合同工程师应立即会同有关部门组织对索赔事件和损失进行调查，分析事件原因，分析合同条款是否可进行索赔，收集有关证据，起草并提交索赔报告。

3. 索赔报告签署发出

索赔报告由采购部或控制部负责人审核，有关部门负责人会稿后提交合同签约人签署发出。

3.6.6.3 反索赔

反索赔着眼于防止和减少损失的发生，一是反驳对方不合理的索赔理由，否定或部分否定对方的索赔要求；二是防止对方提出索赔，通过有效的合同管理，使自己不违约，处于不能被索赔的地位。

3.6.6.4 反索赔的程序

①合同工程师收到对方的索赔意向通知后应立即向主管部门负责人报告，会同有关部门及时组织对索赔事件进行调查，收集有关证据，分析合同条款，估计对方损失。

②合同工程师在收到对方的索赔报告后应立即向主管部门负责人报告，会同有关部门及时组织专题会议进一步研究，按合同规定和我方的调查情况起草给对方的回复函件。

③对索赔报告的回复，经采购部和控制部负责人审核、有关部门负责人会稿后，提交合同签约人签字后发出。

a. 反索赔解决中出现的争执，应根据合同规定通过协调、调解、仲裁等手段解决。

b. 为维护我方利益，确保索赔/反索赔的进行，各职能部门/有关人员均要注意并收集支持我方进行索赔/反索赔的任何资料和信息，尤其是书面的证明材料，并及时向采购部或控制部提出/提交。

c. 为确保项目成功并维护我方利益，重要合同有关的索赔/反索赔，并包括有关的资料搜集和准备工作，要在项目经理部控制的最有利的时间进行，并按项目经理部内部的规定范围传播，不得外泄。

3.6.7　合同报告

合同工程师应建立合同台账，合同台账至少应包括合同名称、合同编号、我方签约人、签约时间、合同乙方名称、合同乙方联系人及联系方式、合同金额、计价方式、已支付金额、结算额、合同类别等信息。

合同报告分合同月报、季报、年报和最终报告，均由合同工程师编制，相关人员(如费用工程师)提供支持，编制的合同报告提交控制部经理审定。其中月报应于当月 25 日前完成，季报应于下一季度第一个月 20 日前完成，年报应于次年 1 月 31 日前完成，最终报告应于竣工验收报告完成前完成，并作为竣工验收报告的一部分。

合同报告中工程物资采购合同部分由采购部在当月 24 日前以月报形式提供给控制部合同工程师汇总。

合同报告的主要内容为本报告期合同签订情况、合同执行情况、合同变更情况、索赔和反索赔情况、合同后评价等。

合同报告由控制部经理/副经理签署后发出，合同报告的接收人为项目总经理/副总经理、各部门负责人，以及项目总经理同意的其他部门、人员。

3.6.8　合同后评价

合同关闭后应进行合同后评价，以分析利弊得失，总结经验，明确遗留问题(如质量保证期和质量保证金、保密义务)。根据合同金额大小不同，后评价可作较全面的评述或作简要的评定。

合同后评价全面的评述内容包括合同签订情况评价、合同执行情况评价、合同管理工作评价、合同条款分析。

合同后评价报告作为合同报告的一部分，由合同工程师会同合同技术文件签署人起草，经采购部或控制部负责人签署后发出。

本管理办法自发布之日起实施；本管理办法解释权属海沙集团公司海沙石化 40 万吨/年 PBC 项目经理部；如海沙集团公司另有合同管理规定，以补充或调整条款纳入本办法。

3.7 设计管理程序

3.7.1 目的

为了对海沙石化 40 万吨/年 PBC 项目的工程设计工作进行科学、有序的管理，确保工程设计的质量、进度、投资控制符合要求，特制订本程序。

3.7.2 适用范围

本程序适用于海沙石化 40 万吨/年 PBC 项目。

3.7.3 组织机构

工程部全面负责海沙石化 40 万吨/年 PBC 项目的设计和施工管理。工程部下设脱硫/B、PBC、D、H、锅炉发电及公用工程六个装置经理，分别对各装置的工程设计进行全过程监督、检查、协调、促进。组织机构如图 3-7 所示。

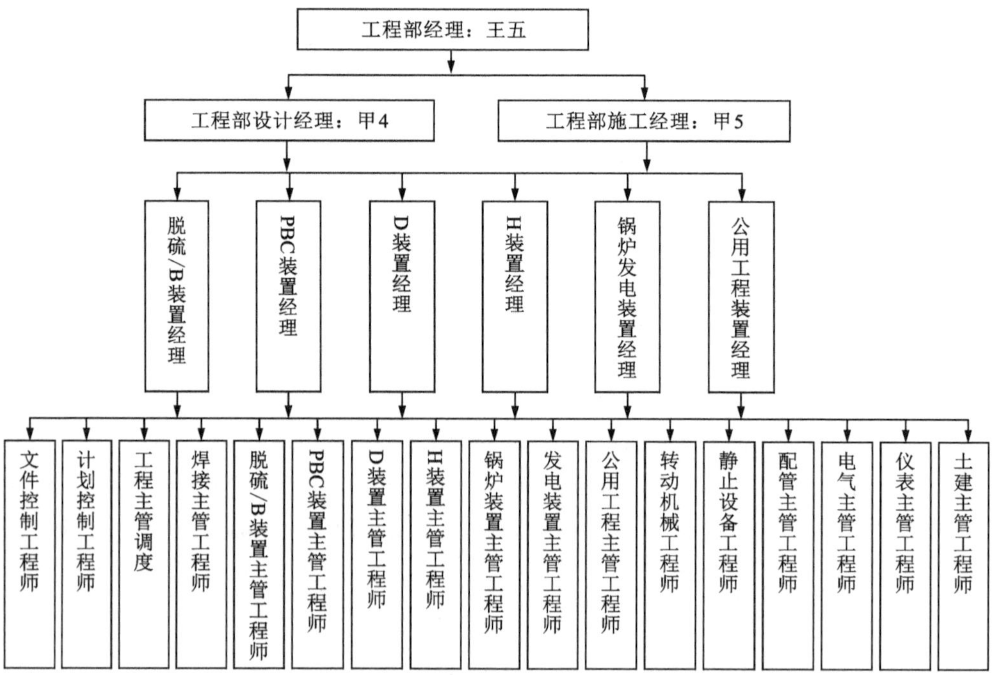

图 3-7　40 万吨/年 PBC 项目经理部工程部组织机构

3.7.4　项目实施中各阶段的设计管理工作

3.7.4.1　项目初始阶段

自可行性研究阶段、总体设计阶段至基础设计开工前这段时间。

与设计承包商一起研究、熟悉合同文件，建立各承包商项目之间设计协调程序，参与总体设计单位工程设计统一规定编制。

1. 设计合同的谈判和签订

HSPMT 组织设计承包商讨论合同的内容，如工程承包的范围、设计工作的任务内容、工程项目建设的有关基础数据和条件、工程采用的标准规范、工程进度、合同价款、考核验收、违约责任等。

2. 建立设计协调程序

进一步明确各承包商与业主、各承包商之间在设计工作方面的关系，联络方式和报告制度。

①明确设计管理联络方式、联络负责人。

②业主提供设计所需的项目资料包并明确提供的时间和方式。

③列出设计中采用的常规与非常规标准。

④列出设计中业主要审查和批准的内容，如全厂总平面图、防爆区域划分图、界区接点条件图、工艺流程图、设备表等。

⑤明确向业主和施工现场发送设计图纸和文件的要求，列出图纸和文件发送的内容、时间、份数和发送方式，以及图纸和文件的包装形式、标识，收件人姓名和地址等。

3. 审查编制的项目设计计划

设计计划是项目计划在设计工作中的具体体现，是项目计划的深化，由总体设计院负责编制，经工程部审查后报项目经理部批准。

3.7.4.2　设计开工协调会

工程部将设计开工协调会的时间、地点、内容报 HSPMT 批准。设计开工协调会由海沙集团派人主持会议，并邀请集团公司有关部门参加、听取汇报，提出修改意见和建议，形成会议纪要，作为基础设计的依据。

①由业主汇报设计开工协调会准备情况。

②由设计总包商汇报工程总概况，包括项目工艺总流程，产品方案，公用工程，消防、环保、卫生等配套系统，各分承包商任务的划分，总体设计进度计划。

③由各分包商汇报各自承包任务情况。

④由集团公司组织讨论，分工艺、设备、仪表控制组；储运、公用工程、消

防、安全、环保组；总图、征地及场地平整、投资控制组。

⑤工艺、设备、仪表控制组主要对项目的总流程，产品方案是否合理，工艺路线采用技术的先进性、可靠性，设备的选型是否合理，仪表控制方案是否先进、安全、可靠进行论证。

⑥储运、公用工程、消防、安全、环保组主要对原料、产品、运输、销售方案进行评估，看其是否满足规范要求，事故处理是否有应对措施，保证储运的安全；公用工程、供电、供水、供汽、(净化、非净化风)供氮，是否配套，是否满足装置和系统的需要，是否安全可靠。

⑦总图、征地及场地平整、投资控制组主要对总图进度是否满足建设需要，场地勘探、平整是否满足设计要求进行论证。

⑧集团公司负责召集业主、项目经理部、专家组成员，对分组讨论提出的意见和建议进行讨论，提出改进的措施和意见，形成会议纪要初稿，提交全体大会通过，最后形成会议纪要，总体承包商和分包商必须按会议纪要严格执行。

⑨设计总包商和设计分包商充分讨论界区条件，并签订界区协作表，以明确各自的工作范围。

3.7.4.3 基础设计阶段的设计管理工作

1. 确定是否需要引进国外专利技术

在基础设计前期根据项目可行性研究报告和总体设计中选用的工艺技术包，确定是否引进国外专利技术。如果需要引进，集团公司工程部组织技术谈判，邀设计总包商参与，对每个专利商的技术、设备、物耗、能耗、保证值、占地面积、布置、投资等提出意见。

2. 启动大型关键机组和长周期核心设备订货

在基础设计文件批复前，启动大型关键机组和长周期核心设备的咨询及订货。

邀设计单位参加这类设备订货技术交流、谈判、技术参数确认，并对合同的技术附件负责。

3. 确定具体工作任务

包括工艺仪表流程图(PID)、公用工程仪表流程图、设备计算及分析草图、设计规格说明书、材料选择清单、请购文件、设备布置图(分区)、工艺管道配管研究图、地下管网图、电气单线图、仪表规格书等。

3.7.4.4 开展基础设计两级审查

1. 海沙石化审查

由 HSPMT 主持，按项目装置分专业组进行基础设计审查。

2. 海沙集团公司审查

HSJTPMT在HSPMT审查的基础上，邀各类专家、施工单位总工、监理单位总监等，与各专业组一起对基础设计进行审查。

3.7.4.5　详细设计阶段的设计管理工作

在此阶段设计承包商应提供施工图纸和采购清单。

1. 设计协调

HSPMT建立设计协调联络员清单供现场协调使用，清单包含业主、设计、施工及监理等各方项目负责人、装置负责人、各专业负责人名单及联系方式。

2. 建立协调会机制

根据设计进度需要，由设计总包商和工程部定期召开设计协调会，各设计分包商和HSPMT相关部门参加。

设计协调会每月召开1次，会议形成会议纪要发送各单位执行。

3. 详细设计交底和详细设计文件会审

(1)详细设计交底

设计交底(包括非标设备制造图)由工程部组织，项目经理部相关部门及承建单位参加。

设计交底根据施工图的实际完成情况，可按主项分专业或单元进行；工程部起草会议纪要，形成正式文件发送有关部门和单位。

①设计交底内容：设计单位交待设计意图，设计范围，与基础设计批复对比情况；说明设计文件的组成和检索方法、图例符号意义，以及建安工作量或修正概算；提出与界区外工程的关系、与其他专业的交叉和衔接要求，以及技术特点和对工程(包括设备选型、施工检验方法等)的特殊要求；解答参建单位提出的问题。

②设计会审应注意的问题：图纸是否经正式会签；设计图纸与设计说明是否齐全；各专业图纸之间是否衔接；几何尺寸、平面位置、标高等是否一致，标注有无遗漏；装修标准是否超标；预埋件是否在结构图与专业图上有标示；有无钢筋明细表；材料来源有无保证，能否代替，图中所要求的条件能否满足；地基处理方法是否合理；工艺管道、电气线路、设备装置、运输道路与建筑物之间或相互间有无矛盾，布置是否合理；工艺操作要求的梯子、平台、导淋是否满足生产要求；施工安全有无保证及施工可行性等。

(2)详细设计文件会审

由HSPMT组织会审，邀各类专家、施工单位总工、监理单位总监等，与各专业组一起对基础设计进行审查。

①会审的主要内容：审查施工图是否符合基础设计批复的要求和范围；设计深度是否符合详细设计阶段的要求及工程技术质量标准；安全可靠性、经济合理性是否有保证；是否执行了限额设计的规定；施工图预算是否超出批准的基础设计概算；是否达到了合同要求。

②会审应注意的问题与基础设计阶段会审应注意的问题相同。

4. 设计复查

设计单位在详细设计会审后，应组织各专业设计人员对会审中提出的问题进行全面复查，做到专业协调，并将复查结果反馈给 HSPMT 工程部。

5. 详细设计文件必须达到的基本要求

①设计单位必须按照工程建设强制性标准，以海沙集团公司标准为主，在批准的基础设计范围内进行设计，并对设计质量负责。

②设计文件必须经过设计单位三级及以上审核会签以及相关专业会签。

③施工图应配套，装置工艺管道和直径 13.97 cm 以上其他管道时应出管段图(特殊管道除外)，细部节点清楚，标注说明完整。

④对设计中选用的设备、材料、配件、构件等，应提供相应的技术规格书，包括规格、型号、性能、材质、色泽等，其质量必须符合国家标准规定；综合材料表准确率大于 98%；除有特殊要求的建筑材料、专用设备、工艺生产线等外，设计单位不得指定生产厂商或供货商。

⑤设计单位还应考虑施工安全操作和防护的要求，对涉及施工安全的重点部位和环节在设计文件中注明，并提出指导意见；采用新结构、新材料、新工艺的建设工程和特殊结构的工程，设计单位应在设计文件中提出保障施工作业人员安全和预防生产安全事故的措施建议。

⑥工程勘察文件应反映工程地质、地形、地貌、水文状况，评价准确、数据可靠，满足工程建设和安全生产需要。

3.7.4.6 施工阶段的设计管理工作

工程部应根据工程总体进度计划督促承包商及时提供施工现场所需设计图纸和文件，保证现场连续施工的需要。

①工程部负责设计现场协调。设计单位按设计合同中的条款规定及时派驻现场总代表，并按施工不同阶段派出专业设计代表到施工现场服务，完成设计代表的工作。

②工程部负责设计代表的任命或替换，对设计代表现场服务进行监督和考核，对不称职设计代表予以撤换，要求重新派驻。

③设计总代表应具有一定的组织工作能力和工程设计经验，领导设计代表工作。

④设计代表的工作职责：进行设计交底，修正施工中发现的设计错误和漏洞；处理因设计方案、施工方案或设备材料供应等变化引起的设计修改；审议合理化建议，并修改设计；了解与监督设计文件的执行情况，参与工程质量检查，并及时向工程部反映施工质量问题；参加“三查四定”；参加单机试车、工程中间交接，按规定确认、签字。

3.7.5　施工验收(中间交接)阶段的设计管理工作

在“三查四定”基础上，统计设计漏项。对发现的施工错误，不利于安全、操作、检修的问题，督促设计承包商发出整改变更单，施工承包商马上给予修改、补充、完善。

3.7.6　试车阶段的设计管理工作

设计承包商负责开工过程中出现的技术问题的处理。

3.7.7　竣工验收阶段的设计管理工作

工程部要负责设计质量评定，协调相关部门完成消防、劳动安全、工业卫生、职业卫生、试生产考核、财务决算与审计、档案等各专业的验收，并参加竣工验收报告的编制。

工程部在项目竣工验收前，督促各设计单位编制完成竣工图。

3.7.8　设计变更控制

执行《海沙石化 40 万吨/年 PBC 项目变更控制程序》。

3.7.9　专项报审工作

项目专项报审工作由行政部负责办理，工程部协助。

3.8　采购管理程序

3.8.1　目的与原则

根据海沙集团公司和海沙石化的有关规定，结合项目建设管理模式，为保证 40 万吨/年 PBC 项目按进度顺利实施，对项目物资采购全过程进行有效控制，确保采购物资的供应和质量，严格控制采购成本，特制订本程序。

3.8.2 适用范围

适用于海沙石化40万吨/年 PBC 项目的物资采购和供应管理。

3.8.3 主要职责

3.8.3.1 项目经理部(HSPMT)领导组

批准采购策略；批准重要物资供应商短名单；批准框架协议；确定评标委员会推荐的中标单位；批准采购合同；批准超概采购；批准重大运输方案。

3.8.3.2 控制部

组织讨论、编制重要设备材料运输方案，监督实施；组织编制设备材料采购投资预算/资金预算；汇总、下达设备材料需用计划并落实需求时间；编制、下达设备材料到货控制点计划；审核设备材料领用计划；编制、下达设备材料的费用分解指标；审核、批准设备材料超概采购申请报告；监督采购进度和采购预算的执行情况。

3.8.3.3 采购部

负责设备材料供应管理及采购工作；组织编制设备材料采购策略、采购方案；负责对设备材料采购质量、进度和费用进行监督和控制；负责第三方监造，核验供货单位资质，组织签订第三方监造合同和物资到货复检；负责组织编制“引进主要设备材料分交清册”和“国内采购物资集中分交清册”；负责电子商务、网上分交和确定采购方式；组织拟定项目设备材料采购的供应商短名单；组织重要设备材料的技术交流和技术谈判，介入工程项目设计选型等工作；编制设备材料采购计划，审核物资领用计划；组织采购招标、采购订货，签订采购合同，负责合同履行及管理工作；负责办理设备材料入库、出库和报账付款手续，编制物资供应报表和相关资料，向有关部门通报物资供应信息；组织设备材料报表的编制和相关资料的移交工作；配合编制超限物资运输方案，并协助实施；执行采购成本控制计划，及时提报设备材料超概采购申请；负责 EPC 承包商设备材料供应的监督、管理；组织对设备材料供应商的管理、考核，协调供应商进行现场服务；负责设备材料催交催运和储运管理，组织开箱检验及备件、专用工具的保管、移交工作；办理剩余物资退库手续。

3.8.3.4 工程部

负责督促设计单位按期提供设计资料及进口物资询价书和框架采购询价

书；协调设计单位参加订货技术谈判；提供经过批准的设计变更并附预算，协调设计单位办理材料代用审批手续；负责技术附件的签订、提供保证采购有效实施的相关技术等工作；负责提供项目施工进度计划及调整计划；负责协调解决施工进度与供货进度间存在的问题；负责审批物资紧急放行手续，参与解决设备、材料重大质量问题；组织直接进入施工现场的设备、材料的接卸、存放和保管工作；批准第三方监造、检验单位提交的专项检验方案，监督第三方的监造、检验工作。

3.8.3.5　质量部

参与设备材料质量检验管理工作，参加开箱检验验收；确定设备材料的分类检验项目和指标；审批物资紧急放行手续，并监督放行记录封闭；组织解决设备、材料重大质量问题；负责退库物资的质量确认；协助进口设备的商检工作。

3.8.3.6　HSE部

负责对供应商现场服务人员进行安全教育；负责超限设备、材料进入现场过程中的安全管控。

3.8.3.7　财务部

负责审核采购合同、发票、入库单、出库单等相关凭证的真实性、合法性、合规性；负责供应商往来款项的管理；按照项目资金支付管理办法和合同约定办理付款手续；负责组织库存物资的定期盘点、账账核对、账实核对；协助办理减免税手续。

3.8.3.8　生产准备部

负责提交开车物资需用计划，参加订货技术谈判和提供技术支持；参加解决设备、材料重大质量问题。

3.8.3.9　政工部

协调采购部负责项目采购档案按要求归档；协调外事办公室组织好对外谈判；协调外事办公室对外联络、来华人员接待、翻译及现场国外技术服务人员的管理工作；协调外事办公室进行外文资料翻译工作。

3.8.3.10　外事部

协助引进项目的谈判工作；负责对外联络、来华人员接待、翻译及现场国外技术服务人员的管理工作；负责外文资料翻译工作。

3.8.3.11　设备部

参加项目进口物资和重要物资的技术交流和技术谈判，审核技术附件，参与设备选型和档次选择工作，提供技术支持；参加设备材料的招标和议标订货会；参加解决设备、材料重大质量问题。

3.8.3.12 监察部

派驻现场效能监察工作组，负责对工程项目物资采购合同的签订、执行等进行监督；参加物资采购招投标和议标采购工作。

3.8.3.13 审计部

完成相关阶段审计工作。

3.8.3.14 监理单位

提供经审核的项目进度实施计划及调整计划；审核施工单位提交的物资领用计划；参加开箱检验，负责物资使用前检查验收手续的验证；参与解决项目设备材料重大质量问题。

3.8.3.15 施工单位

编制物资领用计划，提交给监理单位审核；参加开箱检验，负责领料及移交后的物资保管；负责按规范进行复验并向监理办理报验手续。

3.8.3.16 EPC 承包商

向项目经理部报审供应商短名单，并向审批合格的供应商实施采购；向项目经理部报批物资采购计划；负责完成总承包合同范围内的采购服务工作并对这部分物资采购工作全面负责；按照工程总体统筹计划编制工程物资采购进度网络控制计划，建立物资采购质量控制体系和采购管理体系，报项目部审批后组织实施；编写“引进主要设备材料分交清册”和“国内采购物资集中分交清册”报项目部审核，并配合项目经理部与集团公司设备物资部进行物资分交工作；负责询价书、采购说明书等采购文件的编制，并向项目工程部报审；负责组织物资采购的技术谈判和商务谈判，并通知项目部召集业主方代表参加重要物资的技术谈判和商务谈判；负责组织招标、议标和比价采购，项目部派代表参加；负责采购合同签订、执行，对采购质量、制造进度进行监督、检查和控制；负责监造、催交催运工作；组织采购物资的到货验收和开箱检验、接收、保管、存储、发放工作及质量问题的处理，施工过程的协调等；负责物资采购过程中文件资料（包括可编辑电子版）归档管理及移交，按照规定要求定期向项目部汇报采购工作的进展情况；负责工程项目物资采购完工总结报告的编制。

3.8.4 采购管理主要内容

项目物资采购管理严格执行集团公司《固定资产投资项目物资采购管理办

法》，项目采购管理工作要与项目的评估、设计、审查、施工有机结合，提前介入、深度参与、全程跟踪，抓住关键路径和主要环节，信息共享。

项目采购管理工作程序主要包括建立项目采购档案、项目采购工作对接、国内外采购物资分交、项目采购计划制订、组织技术交流、实施采购监督、储运管理、物资检验和验收、项目采购管理工作总结等。

项目采购按照项目物资采购业务流程图（图3-8）和采购控制流程图（图3-9）实施。

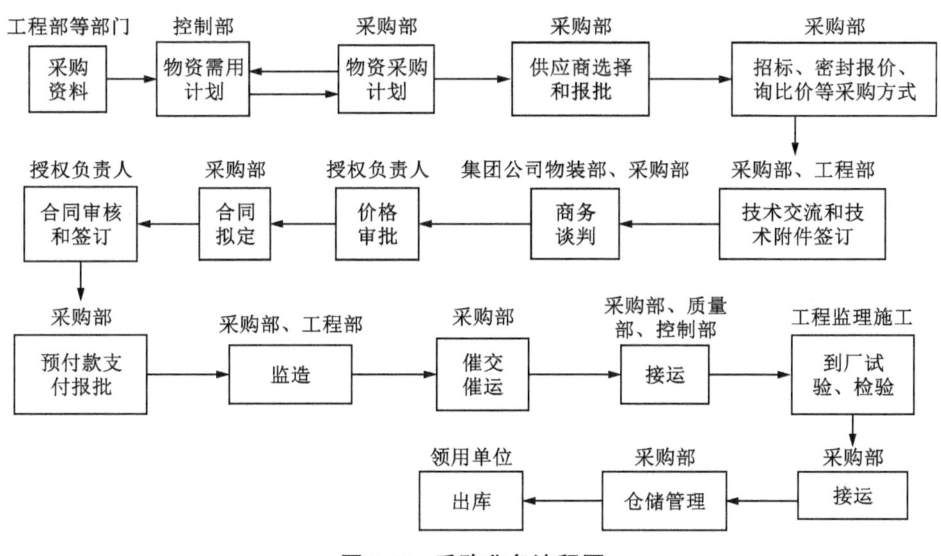

图3-8 采购业务流程图

3.8.5 采购渠道选择和资源市场成员管理

3.8.5.1 国内外采购物资分交

国内外采购物资分交是采购工作的重要环节，按照有关程序开展工作。

1. 分交清单的确定

设计单位根据批复的工程项目可行性研究报告的内容编写“国内外物资分交清单”和“长周期设备清单”。采购部组织相关部门对“国内外物资分交清单”和“长周期设备清单”进行会审，提出分交意见报主管领导批准。

2. 分交清册的上报

控制部负责将需要提前采购的“长周期设备清单”上报集团公司发展计划部。采购部根据有关会审意见负责组织编制“引进主要设备材料分交清册”和“国内采

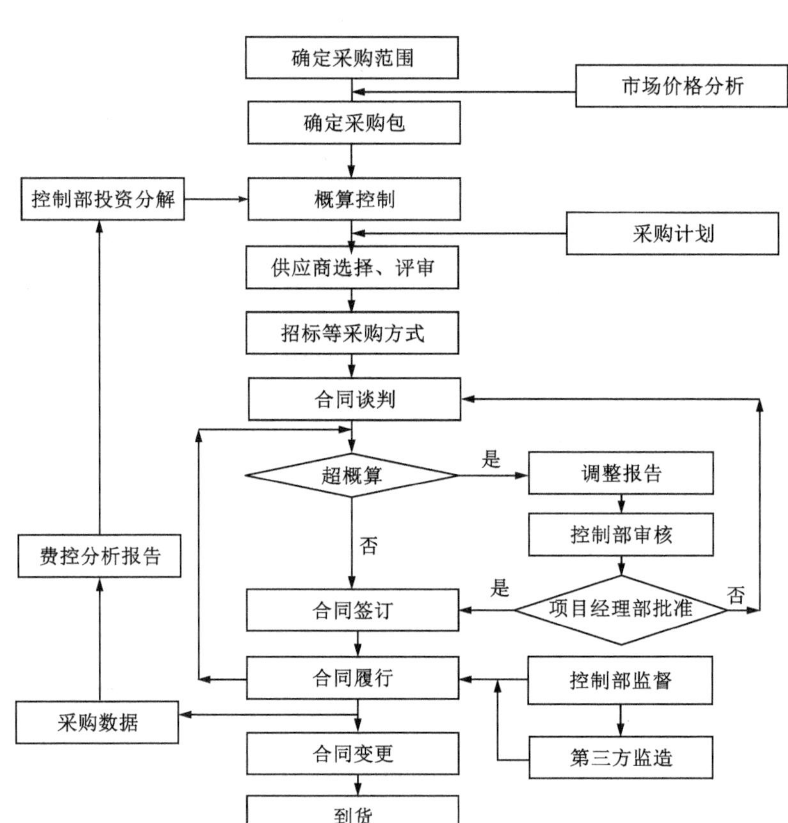

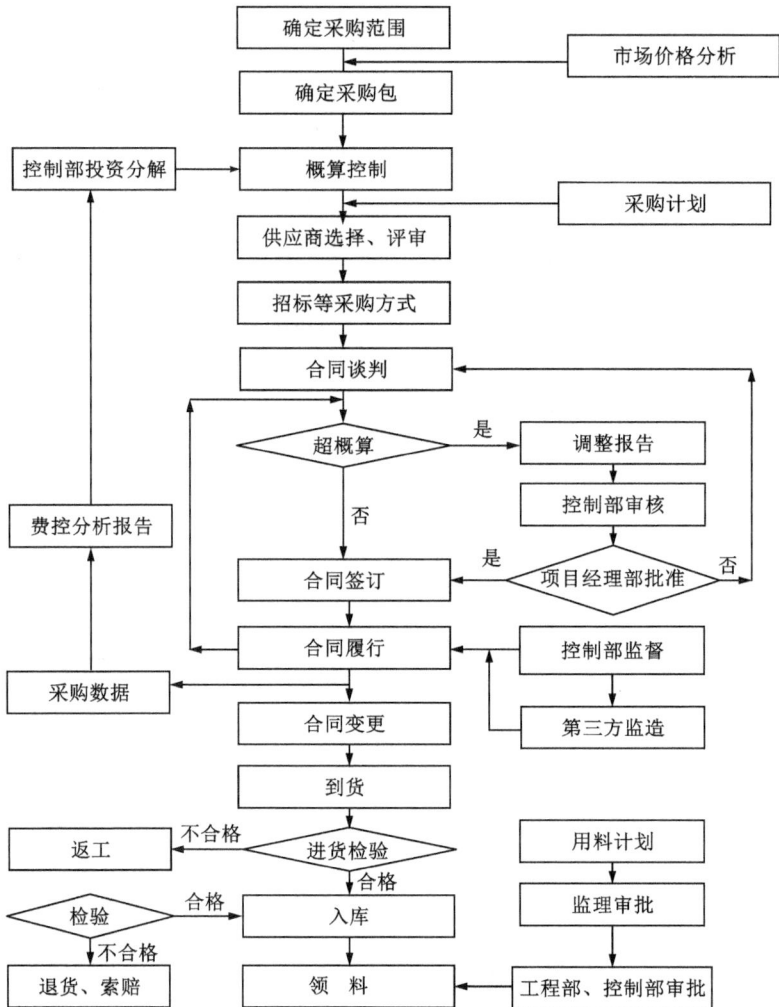

图 3-9 采购控制流程图

购物资集中分交清册”上报集团公司设备物资部。

3. 物资分交会

集团公司设备物资部牵头组织国内外采购物资分交会，控制部、工程部和采购部参加。集团公司设备物资部依据项目部编制的“引进主要设备材料分交清册”（表 3-61）和“国内采购物资集中分交清册”（表 3-62）以及采购物资网络控制计划牵头组织召开分交会，制订分交方案和采购方案，形成会议纪要。

表 3-61　　引进主要设备材料分交清册

项目名称及装置名称：　　　　　　　　填报时间：　　　　　　　　单位：　　元

序号	物资名称	位号	规格型号及主要参数	材质	单位	数量	进口理由	预计用汇	项目组分交意见	备注

总经理：　　　　　副总经理：　　　　　采购部负责人：　　　　　制表人：

表 3-62　国内采购物资集中分交清册

项目名称及装置名称：　　　　　　填报时间：

序号	物资名称	位号	计量单位	数量	规格型号及主要参数	材质	拟选供应商	采购模式	预计订货资料交付时间	预计订货时间	预计交货时间	是否需要监造	备注

副总经理：　　　　　　　　采购部负责人：　　　　　　制表人：

4. 采购方案的确定

采购方案由集团公司设备物资部组织在采购物资分交会上确定，作为项目采购工作的依据。采购方案包括：国内外分交、分交范围、采购模式、采购方式、采购进度、选型情况和供应商选择范围、监造方式等。

3.8.5.2 物资采购供应范围分工会

物资采购供应范围分工会由控制部组织，工程部、质量部、HSE 部、财务部、采购部参加，会议明确工程需用的所有物资原则上由采购部组织供应，施工单位供应范围限于土建材料、消耗材料及施工措施用料。

3.8.6 物资采购计划

3.8.6.1 土建材料采购计划

土建材料中的钢筋、水泥等重要材料供应商名单范围由项目采购部提供。

施工单位负责编制土建材料采购计划，签订采购合同，并将合同等资料报项目部备案。

工程部、质量部、采购部、监理单位通过报检资料及实物检查或抽检监督施工单位行为。

3.8.6.2 设备和材料采购计划

采购部组织编制设备材料采购计划，审核下达采购人员执行。

设备材料采购计划格式见表 3-63。

表 3-63 物资采购计划

填报时间：

物资编码	物资名称	型号规格或材质	图号/位号	单位	计划数量	利库数量	采购数量	预计到货时间	需用计划编号	跟踪号	装置名称	备注

计划管理人员：　　　　采购人员签收：　　　　采购部负责人：

3.8.7　监造、催交及接运管理

3.8.7.1　物资采购分工

土建材料由施工单位按照 3.8.6.1 款规定负责采购和供应，并对采购质量、进度和价格负责。控制部、采购部、质量部、工程部和监理单位按照各自的职责进行监督和管理。

设备材料由采购部负责实施采购并对采购质量、进度和价格进行控制。控制部、质量部、工程部和监理单位按各自职责进行监督和管理。

供应商短名单的确定按照下列程序进行：

原则上在海沙集团公司一级资源市场和海沙石化厂二级资源市场内选择供应商。物资供应商短名单由采购部拟定，报项目经理部审批。新引进的供应商经过采购部门组织有关部门考察后报项目部主管领导批准。

3.8.7.2　技术交流、技术谈判及技术条件确认

工程部负责联系设计单位出具物资采购询价书(规格书)，并对物资采购询价书(规格书)进行审核。

进口物资和重要物资由采购部组织进行技术交流，设备部、科技处、使用单位、工程部、质量部、生产准备部、设计单位参加。普通物资一般情况下无须进行技术交流和签订技术文件。

技术方案返回后工程部、设备部、使用部门、设计单位等应及时审核，需签订技术附件的，工程部安排时间进行技术交流和技术谈判，与供应商签订技术附件。技术附件要有设计代表、业主代表和供应商代表的签字。

供应商提供的机组、设备如有外协配套部分，参加技术交流和技术谈判的人员应在技术附件中确定分包商名单，并列入技术附件中。确定的分包商原则上不得少于 2 家，最终的分包商在商务谈判中确定。

3.8.7.3　采购实施

国内物资由采购部实施采购，物资采购的询比价、招标采购和独家采购应执行国家、集团公司和海沙石化有关规定，并按物资集中分交会议纪要和物资采购计划组织实施。

集团公司直接集中采购的物资和进口物资由采购部配合集团公司设备物资部进行采购。

国外物资的采购执行集团公司有关规定，采购部、工程部、使用部门和设计单位按照集团公司要求组织代表参加集团公司组织的招标订货会。

物资采购金额超过控制概算时，采购部填写“物资采购超概请示表”(表

3-64）报控制部和项目部，经批准后方可实施采购。

表 3-64　物资采购超概请示表

项目名称及装置名称：

部门：　　　　　　　　　　　　时间：年　月　日　　　　　　　　　No：

计划编号				填报人			
物资名称	规格型号	控制概算		实际订货		超概金额/万元	备注
		数量	金额/万元	数量	金额/万元		
超概原因							
采购部意见							
控制部意见							
副总经理意见							
总经理意见							

物资需用计划内的物资，因工期或市场原因无法采购，须变更规格型号或材质时，由提出变更的单位填写设计变更(材料代用)单，按照项目部有关规定和程序审批后方可实施采购。

采购物资如不能按采购计划要求的时间交货，需变更交货期时，采购部应书面报告控制部、工程部。

3.8.8　合同管理

项目采购的所有物资都应签订买卖合同，采购物资的监造和运输也必须签订合同或协议。

采购部根据项目合同管理规定对国内外合同分别存档。工程结束后，采购部负责整理并向档案室移交相关资料。

3.8.8.1　合同的签订审批程序

采购部负责合同签订，并负责按照项目部合同审批程序履行审批手续。

3.8.8.2　合同的履行和变更

采购部应要求供应商按照合同约定全面履行合同。当标的物、价格、交货期、当事人或合同其他条款发生变化时，应按合同法的规定办理变更批准、登记手续，变更文件应与原合同文件一同存档，并通知有关部门。

3.8.8.3　建立合同台账

采购部负责建立材料合同和设备合同台账(表 3-65)。长周期及进口物资合同，每周五前提供合同执行情况周报。

3.8.9　采购控制重点

技术交流和合同谈判阶段：重点掌握供货范围、供货时间、采购的标准规范、技术质量指标等，确保符合设计的各项要求。

合同执行阶段：重点掌握设计联络会(如有)的召开、设计资料的返回、重要设备的监造、控制点检查和出厂验收、进口物资出国检验组团报批、关键物资的装船(或火车、汽车、飞机)发运时间和超限物资运输方案的制订，确保按计划实施。

进口物资到货阶段：重点掌握物资到港后的接、报、检工作安排，出现短缺、残损时的补供时间，确保用最短的时间将物资交付施工。

关键路径和长周期的设备材料直接影响总体工程建设进度和施工进度，必须时时跟踪；如有偏差，应采取相应措施。

表 3-65 设备、材料合同台账

序号	合同类别	合同编号	合同名称	物资类别	单位	数量	合同金额/元	签约日期	合同交货日期（含分批交货日期）	预付款	
										付款金额/元	付款时间
1											
2											
3											
4											
5											
6											
7											

	进度款（第一次）		进度款（第二次）		进度款（第三次）		进度款（第四次）		进度款（第五次）		累计支付/元
	付款金额/元	付款时间	付款金额/元	付款时间	付款金额/元	付款时间	付款金额/元	付款时间	付款金额/元	付款时间	
1											
2											
3											
4											
5											
6											
7											

	未支付金额/元	质保金/元	结算金额/元	合同约定付款方式	采购方式（招标/密封报价/比价/价格平移/独家采购）	采购模式（直接/组织/自采）	装置名称	供货单位名称	联系人及联系方式
1									
2									
3									

3.8.10　催交和催运

3.8.10.1　职责与分工

催交和催运工作由采购部负责，采购部须由专人负责此项工作，科学组织，严密计划，实施目标管理，确保工程进度计划顺利实施。

3.8.10.2　催交方式

办公室催交：指催交人员通过电话、传真或信件等通信手段来实现的一种催交方式。

工厂催交：指催交人员直接进驻供应商的制造厂进行催促和督办。

会议催交：指催交人员和供应商以会议方式讨论和解决制造、交货进度方面的问题。

3.8.10.3　催交范围

对于合同交货期 6 个月以上的国产设备、材料，采购部必须自合同执行阶段开始，随时掌控合同执行的状态，一般每 6 周进行一次工厂催交，同时，每 2 周进行一次办公室催交。其他物资应在合同规定的交货期前 1 个月开始监控合同执行情况，每 2 周进行一次办公室催交。采购部每月以报表形式汇总合同执行的动态信息报控制部和工程部，遇有紧急、重大情况，应立即向项目部汇报，同时向控制部和工程部通报。工厂催交应有催交报告。

特殊情况下，由采购部组织召开催交会议，解决供货进度方面的问题。会议形成的纪要、协议等，经双方签署后即刻生效，作为该合同的补充部分。

为保证进口物资及时供应，采购部除要掌握制造动态外，还应掌握进口物资的运输信息和进口物资的国内检验信息。采购部协调集团公司设备物资部及时准备与进口物资的通关、检验相关的资料，并办理清关手续。

3.8.10.4　催运

在催运活动中，采购部应编制严密计划，并采取有效措施，保证物资的工厂交货、装船、到港与内陆运输有效衔接。

超限设备的运输须编制运输方案和紧急情况预案。

3.8.11　采购的质量控制

3.8.11.1　监造

对重要设备材料进行监造，是保证建设项目设备采购质量和进度的有效手段。

设备监造由采购部按集团公司监造管理办法组织实施。采购部和工程部负责设备监造的监督工作。

1. 监造范围

原则上根据集团公司监造管理办法规定的设备监造目录中的设备进行选择。需监造的物资，在买卖合同中应订立监造条款。

2. 监造单位的选择

在集团公司批准的监造单位名单中选择。

3. 监造合同签订

由采购部门组织与监造单位签订监造合同，工程部负责审核合同的技术部分，并参加合同会签。

4. 监造管理

采购部组织审查监造大纲及监造检验实施细则，采购部向监造单位提供监造所需的技术文件、设计文件等有关资料；采购部接收、工程部审查监造周报和最终监造报告等资料并向相关部门通报信息，协调制造过程中质量、进度等问题；设备验收后，采购部应将监造资料移交资料室归档保存。

3.8.11.2 控制点检查

工程部根据物资的重要程度和制造难度，依据合同技术附件提出需要实施检查的范围及控制点(如焊接、组装、试压、试车、监检、出厂检验等)。

工程部组织相关部门技术人员到制造厂按控制点对物资进行检查，采购部负责联络工作。检查应形成检查报告，检查报告由工程部起草并保存。需设置控制点检查的物资，其买卖合同中应订立实施控制点检查的有关条款。

3.8.11.3 到货验收

1. 开箱检验

①采购部组织到达施工现场及库房物资的开箱检验工作，工程部、质量部、监理单位、施工单位参加。采购部应提前24小时通知各参检单位，并同时发放有关检验资料。

②开箱后应检查物资规格、型号、数量是否与装箱单相符；技术参数是否与合同一致；外观是否完好，有无受潮、碰伤、变形或损坏等；随机技术资料是否齐全。清点产品合格证、质量证明书、生产许可证、安装维修手册和专用工具等并妥善保管。开箱后填写“开箱检验记录单”，采购部、工程部、监理单位、施工单位等在“开箱检验记录单”上签字。进口物资通知商检局参加开箱检验，进口压力容器还应通知市场监督局参加。验收中若发现有产品不合格或存在残、缺、损、

坏的，应如实记录(必要时应留取影像记录资料)，由采购部负责办理补、退货或索赔手续。

③随机带来的专用工具、随机备件、两年运行备件和资料由项目部仓储管理部门保存。施工单位和其他部门使用专用工具、随机资料，需到采购部办理相关手续借用，随机资料原则上采购部应留有备份。

④试车期间施工单位领用随机备件，需经控制部和工程部确认。试车结束后，由施工单位将剩余随机备件和两年运行备件转交项目部仓储管理部门，随机资料按照项目部有关规定要求移交相关部门，移交清单双方签字各保存一份。

⑤现场开箱后，包装箱由施工承包商放置到指定地点，由采购部与控制部统一回收处置。

2. 材料复验

①采购部和工程部根据规范、设计文件的具体要求，以及装置的具体特点等，组织有关单位制订材料复验的范围、比例和标准。

②材料到货后，采购部按项目部有关管理规定进行复验，合格后方可入库。

3. 现场验收

采购部对所有进入现场的物资经过自检、复验不合格的，应立即进行标识、隔离，并及时运出现场。经过自检、复验合格的物资，才能办理出库手续。

4. 质量要求

①用于工程的物资必须有出厂合格证、材质证明、化验单、使用说明书等质量证明文件(原件)，设备、加工件必须有办理使用手续的有关资料(设备订货时对合格证、材质证明、化验单、使用说明书等质量证明文件的内容及份数提出要求)，由仓储部门统一保管、暂存。施工单位领用材料、配件时，仓储部门负责提供复印件，但复印件必须有原件保存单位的红色印章及原件保存人的签字，复印件上还应标明实发数量。施工单位领用设备时仓储部门负责提供相关资料，办理资料领出手续。质量文件不符合以上要求或产品、证件不符的物资，采购部不得出库，施工单位不得领用。工程交付时，由采购部负责将暂存资料原件移交资料室，移交清单双方签字各保存一份。

②采购部和监理单位在物资复验时，必须严格执行国家和行业的标准规范及设计文件的要求，不得擅自提高和降低质量标准。

③在物资的质量检查过程中，采购部应对物资的出厂资料、物资名称、规格型号、材质、外观状况等方面存在的问题进行详细的记录，存在问题或有疑问时，应留取相应的影像记录资料，以保证物资质量问题的可追溯性。

④如发现办理物资复检或报检时所出具的质量证明文件有虚假或伪造等不良行为，监理将根据其可能造成的后果提请采购部和控制部进行严肃处罚。

⑤工程物资的紧急放行和让步接受见项目相关管理规定。

3.8.11.4 进口物资的出国检验

出国检验工作由采购部提出计划报控制部，经项目经理部批准后报批并执行。检验结果应形成报告，由采购单位存档。

3.8.11.5 进口物资的国内检验

进口设备材料的检验依据是合同规定的制造和检验标准。在实施前采购部、质量部和工程部应根据合同及技术附件要求的设备、材料分类检验项目和指标，制订检验方法和检验程序，即制订检验大纲，对检验工作进行总体规划，并在大纲的基础上，拟定专业检验细则，将检验工作中可能出现的问题纳入受控状态。检验大纲及专业检验细则编制完成后提交质量部审查备案。

在检验工作中采购部要做好各项记录，包括口岸理货记录、现场开箱记录、数量记录、外观检查记录、理化检查记录、随机资料记录、检验备忘录(外商代表确认并签字)，并负责填写有参检单位代表签字的记录单。如遇有短、缺、残、损，采购部要根据合同及相关法规负责向外商提出索赔要求，并报请集团公司物资装备部参加索赔谈判，并办理好补供货的各种手续。

3.8.12 物资仓储管理

采购部负责物资仓储管理，严格执行物资仓储管理的有关规定。EPC 承包商应参照本程序制订相应的物资储运管理办法，报控制部和采购部核准备案。

3.8.12.1 物资出库、入库管理

物资到达后，采购部负责办理物资的检验、入库手续，控制部负责审核、确认物资领料计划，采购部负责依据控制部确认的物资领料计划办理物资的出库手续。物资出、入库按项目部有关规定执行。

1. 物资入库验收

物资到货后，采购部要认真核对物资名称、规格、材质、部件、数量、资料等，复验合格后入库，检验过程按照项目部有关规定执行。

2. 入库

项目用所有物资都必须填写入库单，办理入库手续，入库单是项目结算的凭证。

3. 出库

项目用所有物资都必须填写出库单，办理出库手续，出库单是项目结算的凭证。

3.8.12.2　仓储保管

库存物资应根据不同物资的材质、物性和要求，做到“四号定位”“五五摆放”“四对口”。

设立待验区，悬挂或张贴标识。对摆放物资的货架，应在相应位置设置料签等标识。库区露天货场设立固定标牌等标识。存储的物资应做到标识醒目、名称统一、计量规范、规格不串、材质不混、数量准确。

物资的质量状态按待检验、合格、不合格三种状态进行标识。

对所管物资进行经常性的维护保养，对重要物资的储存场所安装安全技防系统。

室内物资码放应留有足够的安全间距及作业通道。

库存物资的保管应达到：不锈、不潮、不冻、不腐、不霉、不变、不坏、不漏、不混、不爆的“十不”要求。

库存物资管理应达到：防火、防盗、防水、防污染、防事故的“五防”要求。

危险化学品必须储存在专用仓库、专用场地或者专用储存室内，储存方式、方法与储存数量必须符合国家标准，并设专人管理。

危险化学品库应配备必要的防护用品，如防护服、呼吸器、防毒面具、口罩、护目镜、浸塑手套、雨鞋以及消防器材等，以备急需之用。

3.8.12.3　物资领料和发放

仓储部门负责物资发放工作，执行项目部有关物资管理规定，按月编制报表。

施工单位凭控制部审批的“物资领用计划”，到采购部和财务部办理审核、签字确认手续，之后到仓储部门办理物资出库、提货。

3.8.12.4　大件运输

控制部负责组织进行大件运输的招标及合同签订，同时负责审核投标方的运输方案，重点设备运输方案由控制部组织专家审查，报项目经理部批准。

3.8.13　EPC 总承包的采购监督管理

采购部和控制部有权对 EPC 总承包方物资采购全过程进行管理和监督。

EPC 承包合同签订后，EPC 总承包商应将所承包项目国内外物资供应的组织机构、联络方式和管理程序上报控制部和采购部备案，编制的项目物资采购网络计划报控制部审批。EPC 承包商采购前应将主要物资供应商名单及资格审查资料报采购部审批，重要设备材料采购招标短名单也应报采购部审核，项目经理部审批。

框架协议签订后，采购部应将框架协议的内容、协议供应商的联络方式等信息以书面形式通知EPC承包商，以便其在框架协议内实施采购。

未在业主审批名单范围内采购物资或未按框架协议采购物资的，业主有权停付该部分物资购置款。

采购部组织业主代表参加重要设备材料的技术谈判，并对招投标活动和商务合同的签订工作进行全过程的监督。EPC承包商有责任提前通知采购部组织业主代表参加。采购合同中应有业主方合法权益的相关内容并应有业主方代表的签字。质保期满后，供应商凭合同办理质量保证金支付手续。

采购部组织对EPC承包商的物资采购质量、进度进行检查，并督促EPC承包商完成以下工作：

参加集团公司设备物资部组织的物资分交会；

做好采购文件、资料及随机物品的验收、移交和归档管理；

办理引进物资海关备案、免税手续和报关、运输、保险、检疫、检验、保管与交付及许可证办理工作；

检查到货物资的接收、存放、领用、检验、保管、防护、发放的程序和措施；

做好项目采购工作总结。

3.8.14 资金支付及结算

预付款、进度款的申请，进口物资信用证及退税免税的办理，资金支付，按项目部有关管理规定执行。

财务部按规定分别设立结算科目，每月编制结算报表。

3.8.15 现场服务和开车保运

为保证各装置顺利开车，工程部和EPC采购单位在组织签订技术文件时应与供货商(压缩机、泵、风机、减速机、制冷设备、锅炉、汽轮机、发电机组和仪表控制阀、重要的工艺阀门等)签订安装调试和开车保运协议，在装置安装和开车阶段，这些供应商的技术人员应到现场服务。由采购部负责组织安排，并在签订的物资采购合同中注明。

如需外方技术人员参加试车、保运(采购合同中注明)，采购部应按规定的程序，向设备物资部有关处室递交邀请外方专家来华计划。设备物资部有关处室负责审批并提前4~6周通知外方，审核外方通报的来华人员资质、专业情况。工作结束后，中外双方应签署工作报告，并归档备案。

3.8.16　沟通和交流

3.8.16.1　信息管理(报告)制度

采购部组织编制周报和月报(必要时还应编制日报)，提供合同执行及物资到货、入库情况。涉及重大 HSE、质量、进度和成本的问题应迅速向控制部、工程部、质量部通报信息并向项目经理部报告。

3.8.16.2　会议制度

采购部组织采购单位每周召开一次碰头会，共同讨论采购方面的重大事项和可能出现的风险，必要时邀请控制部、工程部等相关单位、部门人员参加。

采购部组织参加涉及物资供应的各项会议，并组织落实会议相关要求。

3.8.17　资料管理

3.8.17.1　需保存的资料

物资供应的资料管理由政工部牵头，各部门按职责范围负责组织。需保存的资料有：

可研报告及批复，总体、基础设计文件及批复，提前采购批复；

引进主要设备材料分交清册及国内外分交纪要，国内采购物资集中分交清册及集中分交纪要(包括长周期设备材料集中分交会议纪要)，集团公司项目采购协调会纪要；

设计资料(包括图纸、询价书、规格书、变更单等)；

会议纪要及记录(包括项目经理部调度会、供应工作例会、设计协调会、技术交流会、设计审查会和现场办公会等)；

重要活动的图片、录像；

设计资料(包括图纸、询价书、规格书、变更单等)；

合同(包括买卖合同、监造合同、运输合同、服务合同、技术文件、框架协议书)；

招投标的有关资料；

采购订单、商务谈判记录、报价单、供应商短名单、物资采购超概请示表；

委托采购批复(属集团公司直接采购批复自采的物资)、供应商审批表(资源市场以外的厂商)；

物资监造资料、控制点检查报告和出场验收报告；

复验单、入库单、出库单、材料代用单；

重要活动的图片、录像、开箱检验记录；

设备材料的质量证明资料；
物资采购计划、物资领用计划；
商检资料；
会议纪要及记录；
批复的物资采购超概请示表和合同台账等资料。

3.8.17.2 项目总结和竣工资料

采购部组织撰写项目物资供应工作总结，施工单位和 EPC 承包商协助完成自采部分的内容。

交工资料中有关物资采购的内容由承包商按项目部有关规定和行业、地方规范进行编制汇总。

3.9 施工管理程序

3.9.1 目的

为确保海沙石化 40 万吨/年 PBC 项目高效有序施工，对项目实施进行全过程、全方位的管理，按期、保质、保量顺利完成施工任务，特制订本程序。

3.9.2 适用范围

本程序适用于海沙石化 40 万吨/年 PBC 项目的施工管理。

3.9.3 PMT 各部门及监理单位管理职责

3.9.3.1 工程部

负责工程建设过程中设计、采购、施工、监理等工作的协调与管理。
负责施工承包商的业务管理，督查监理单位合同履行情况。
负责制订并落实施工管理的各项规章制度和工作流程。
统筹施工现场规范安全文明管理工作；负责施工总平面布置，水、电等管理。
负责施工进度控制；组织召开工程协调会。
负责焊机、吊车进出场及使用协调；负责大型设备进入现场接卸协调。
组织单项工程中交。
负责组织施工图交底，负责施工设计变更管理，负责施工图纸及设计变更的发放。

 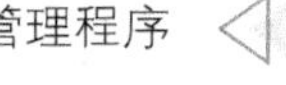

负责协调设计、监理、质监等单位的现场服务工作。

3.9.3.2　政工部

负责项目经理部考勤与绩效管理。

负责办公设备、用品采购与发放。

负责项目经理部办公区和现场门禁、综合治理管理。

负责办公区环境管理。

负责项目建设文件、指令等的接收与发放。

负责项目接待招待管理，包括海沙集团外各类专家的接待安排。

3.9.3.3　控制部

负责编制项目建设管理月报。

负责编制项目建设月度、年度工作计划。

负责项目建设期间参建单位的月度、年度考核。

负责大型吊车机具、大型专用工装的落实和费用控制。

3.9.3.4　采购部

确保物资按时到货并组织运至指定现场。

组织设备制造厂家工程技术人员现场服务工作。

负责管理、检查项目物资仓储工作。

负责组织项目物资入库检查验收工作。

3.9.3.5　HSE 部

负责督促检查施工现场安全、环境与健康管理工作，负责现场门禁及交通管理工作。

负责进场人员 HSE 教育与管理，负责现场文明施工监督管理。

参与重大施工方案和施工组织设计审查，协助项目部组织安全、环保、消防、职业卫生的验收。

负责组织工程安全事故的调查和处理，负责安全考核工作。

3.9.3.6　质量部

组织审查各施工单位的质量管理体系并对施工过程进行督查。

组织审查施工单位提交的质量计划及检验计划，监督检查其实施情况。

参与设计及重大施工方案审查，检查落实质量保证措施。

参与一般事故的调查，组织重大质量事故的调查、分析，上报重大质量问题处理方案并监督整改。

3.9.3.7 财务部

按照有关规定和程序管理使用项目建设资金。

3.9.3.8 监理单位

负责施工组织与施工管理，组织工程监理例会及专业会议。
负责装置红线内施工平面管理。
负责施工组织设计及施工方案的审查。
组织隐蔽工程验收、专业验收。
参加项目“三查四定”，参与投料试车相关业务工作。
负责组织单位、分部、分项等工程验收。

3.9.4 施工管理内容

3.9.4.1 施工进度控制

为了有效管理施工进度，特制定本施工进度控制原则，以指导项目团队科学规划、合理安排施工活动，确保项目顺利推进。基本原则如下：

①计划先行，严格执行。
②动态调整，灵活应对。
③资源优化，合理配置。
④质量为本，安全第一。
⑤沟通协调，协同作战。

3.9.4.2 施工组织设计及施工技术方案、监理规划及实施细则审查

1. 施工组织设计及施工技术方案的主要内容

单项工程应编制施工组织设计，单位工程，技术复杂的分项、分部工程，大型关键机组和设备编制施工技术方案。施工组织设计及施工技术方案的主要内容有：工程概况与依据；施工部署和施工方案；施工准备工作计划；施工总进度计划；施工安全控制计划；施工质量控制计划；各种资源需要量计划；施工成本控制计划；施工总平面图；技术经济分析；等等。

2. 对危险性较大的工程，应编制专项安全控制方案；对专业性较强的工程，应编制专项质量控制方案

3. 施工组织设计及专项方案的编制及报送

施工单位编制施工组织设计及专项方案。施工单位在工程开工 15 天前完成施工组织设计的编制，专项方案在该工程施工 7 天前编制完成。施工组织设

计须经施工承包单位的技术负责人审批，并在该期限内报送监理单位、项目经理部。

4. 施工组织设计及重大施工方案的组织审查

监理单位在收到施工组织设计及专项方案后组织工程部、设计现场代表、质监站、HSE 部、控制部、质量部、生产准备部、采购部相关人员审查，必要时邀请专家组成员参加，审查后形成会议纪要。

施工组织设计及重大施工方案经审查符合要求，各部门当场会签；如审查不符合要求，各部门须提出书面意见，经施工单位补充完善重新编制后再组织审查，审查后形成会议纪要。

经批准的施工组织设计及专项方案现场情况确需做出修改时，施工单位应书面提出申请并经监理单位批准后，方可重新编制施工组织设计或方案，并照本办法规定的程序进行审查并记录。

5. 监理规划及实施细则主要内容及审查

(1) 监理规划的主要内容

一是建设工程概况，包括建设工程名称、建设工程地点、建设工程组成及建设规模、主要建筑结构类型、建设工程计划工期、工程质量要求、建设工程设计单位及施工单位名称、建设工程项目结构图及编码系统。

二是监理工作内容，施工阶段建设监理的主要工作内容为：

①质量控制：对施工单位的人员资质、持证情况和工装器具的完好及检验检查情况进行确认；对隐蔽工程在进行隐蔽前进行检查确认；对重点工程进行旁站监理；签署重要的分项工程、分部工程和单位工程质量评定表；对施工测量、放样等进行检查；检查确认运到现场的工程材料、构件和设备质量；监督施工单位严格按照施工规范、设计图纸和经审批的施工组织设计、专项方案施工；检查施工单位的工程自检工作，数据是否齐全，填写是否正确，并对施工单位质量评定自检工作做出综合评价等。

②进度控制：监督施工单位严格按承包合同规定的工期组织施工；对控制工期中的关键工程，审查施工单位提出的保证进度的具体措施；建立工程进度台账，核对工程形象进度，按月、季、年向业主报告施工计划执行情况、工程进度及存在问题；监理工程师发布停工指令时长在 8 小时以上的需报业主同意。

③控制投资：审查施工单位申报的月、季、年度计量报表，认真核对其工程量，不超计、不漏计，严格按合同规定进行计量支付签证；保证支付签证的各项工程质量合格、数量准确；建立计量支付签证台账，定期与施工单位核对清算；按业主授权和施工合同的规定审核变更设计。

(2)监理规划、监理细则的编制及报审和变更

监理规划、监理细则由监理单位编制和内审后，在现场工作开始前报项目经理部，由工程部负责审批后实施。经批准的监理规划是开展监理工作的依据，也是施工管理的依据。经批准的监理规划因特殊情况确需做出修改时，应按本规定重新编制、报审。监理细则由项目总监批准后，抄送至项目经理部。

(3)监理月报

施工阶段的监理月报应包括以下内容：本月工程概况；本月工程形象进度；工程进度；对进度完成情况及采取措施效果的分析；本月工程质量情况分析和采取的工程质量措施及效果；HSE 管理情况；工程计量与工程款支付；合同其他事项的处理情况；本月监理工作小结；当月工程照片。

总监理工程师应组织编制监理月报，一式两份，由监理单位报送工程部。

(4)监理工作总结

监理工作总结包括以下内容：工程概况；监理组织机构、监理人员和投入的监理设施；监理合同履行情况；监理工作成效，对工程质量、进度、费用控制和 HSE 管理的评估；重大工程变更及处理情况；施工过程中出现的问题及处理情况和建议。施工阶段监理工作结束时，总监理工程师应组织编写监理工作总结，经监理单位技术负责人审核批准后提交项目经理部。监理工作总结一式两份，由监理单位报送工程部。

3.9.4.3 施工准备阶段的主要工作

①建立各项管理制度和编制项目建设总体统筹控制计划。

②招标选定监理单位和承包商。

③审查承包商选择的分包商资质。

④施工图纸审查及设计文件交底。

⑤检查承包商的现场质量、HSE 保证体系。

⑥审查施工组织设计及施工技术方案、监理规划。

⑦建立测量控制网。

⑧进行临时用电、水等设施的敷设。

⑨落实项目开工条件。

3.9.4.4 施工总平面布置及管理

1. 施工总平面管理总则

①工程部负责施工平面管理工作。

②施工承包商进入施工现场前，必须在施工组织设计(方案)中编报施工平面布置图，经工程部和监理单位审核批准后方可实施。

③施工承包商必须严格按照批准的施工组织设计(方案)的要求进行施工，特

别是地下工程(给排水管网)。

④开挖土方应按批准的施工组织设计及施工技术方案实施，土方要合理堆放，建筑垃圾必须及时清除至指定地点。

⑤施工承包商必须从指定位置接水、电，接出的施工用水管和电缆，严禁私拉乱接并按《工程施工用水管理规定》和《工程施工用电管理规定》执行，加强对分管区域供电线路、供水线路的维护和保养，及时消除跑、冒、滴、漏现象。

⑥严禁在道路、铺装面上搅拌砂浆。砂浆的运输不得沿途漏撒，如有漏撒，必须立即清除干净。

⑦尽量缩小现场施工占地，加大进入现场材料的预制深度。要求施工材料进场停放时间要短，进场原材料要少，以预制件进场为主，做好每道工序完成后的现场清理；进场施工机械要少而精。材料堆放要整齐划一、标识齐全。承包商必须按要求做好产品、半成品、设备和材料的保护工作。

2. 施工总平面的管理

(1)临时设施和现场环境

临时设施和现场容貌检查内容包括：现场的清洁和公共秩序；废料和废物是否定期处理；过道和道路是否畅通；是否有随意丢弃的边角废料；易燃物品的存放；消防器材是否配备到位等。

承包商应做到：随时保持工作场所、办公室和道路通畅；在完成任何工作后，施工区域内的所有破碎残余物、设备工具、临时结构和剩余建筑用材料要及时撤出，定期打扫，保持清洁。

(2)材料堆放

储存区应排放整齐、保持整洁、道路畅通，堆放材料应标识清楚、安全卫生；配有必要的消防器材。

(3)道路管理

每个施工承包商必须保持施工区域内道路畅通，负责规定区域内的道路维护清扫。

需要阻断或破路施工时必须报监理和业主同意后实施，采取有效安全措施并限期修复。

3. 文明施工管理

①执行国家、地方政府法律法规和海沙石化厂颁发的建设工地文明施工有关规定。

②做到工完料尽场地清。

③土方堆放在指定位置，现场土方平衡后多余土方必须及时运出现场。

④承包商必须在施工现场按区域分类设置废料堆放场、垃圾箱，垃圾箱要定

期清理，不得随便焚烧垃圾。

⑤场地应平整、坚实，并有排水坡度，现场不得出现严重积水现象。

⑥砂浆应倒在铁板或容器内。

⑦砖、砂、石、脚手架、跳板等应堆放在规划区域内并摆放整齐。

⑧由业主负责修建现场正式或临时厕所，施工单位负责日常使用的维护和清洁卫生。

4. 动土管理

土方开挖超过一定深度后，要按规范设置安全防范设施，防止人员跌落或塌方。

5. 成品保护

现场物资在搬运、储存过程中，应按有关技术要求进行防护；

要求采取防护技术的工程或工序，要按设计要求和有关标准、规范、规程的要求进行保护或保养，保证移交给用户时齐全、完好；

承包商必须做好施工区域内的产品保护工作，在未中间交接前如有损坏，负责无偿修复，保证中交时完好整洁。

3.9.4.5 施工现场临时设施与日常交通管理

1. 施工现场临时设施

(1)现场临时设施的布置原则

布置紧凑，占地要省。

合理布置，短运输，少搬运，二次搬运要求减到最少，减少运输费用。

临时工程要在满足要求的前提下少用资金，尽量利用永久性建筑物、原有建筑物和原有道路及拟建永久道路，减少搭建临时设施的费用。

各种临时设施的布置应有利于生产、施工、安全、消防、环保、卫生，符合国家有关规定。

(2)材料堆场、仓库和加工预制场的布置

确定场(库)的布置位置：仓库和材料堆场应根据不同材料、设备和运输方式设置在运输方便、位置适中、运距较短且安全防火的地方。确定合理的场(库)面积。

搅拌站的布置：现场设搅拌站，根据运输条件，采取集中方式进行布置。

全场性垂直运输机械的布置：应根据施工部署和施工方案所确定的内容而定。为全场服务的大型垂直运输机械按工程的特点和结构形式选择类型。塔吊的布置应满足现场施工安全的要求，同时又能发挥机械设备的效率，尽量减少现场二次搬运和吊运死角，使工作面全部位于起重设备的服务范围内。

临时设施的布置：布置时应考虑使用方便，不妨碍施工，符合安全、防火的要求。办公室布置应靠近施工现场，宜设在工地入口。

临时水电管网的布置顺序一般是：先确定电源和水源，在场外引入或场内布置；然后沿主干道布置主管和主线；再用支线和各用户接通。

承包商施工用电、施工用水必须向工程部提出申请，按海沙石化厂有关规定办好手续；按指定的接电、接水点连接，不允许私接水、电，并严格按计量缴费。

2. 日常交通管理

日常交通管理按 HSE 部制订的有关规定执行。

3.9.5　施工管理中对承包商和监理单位的管理办法

3.9.5.1　承包商管理办法

1. 目的

为了建设好海沙石化厂 40 万吨/年 PBC 项目，选择好具有相应资质能力的承包商，特制订本办法。

2. 适用范围

本程序适用于海沙石化厂 40 万吨/年 PBC 项目对工程施工承包商、监理承包商、第三方检测承包商及土建施工分承包商选择的全过程。

3. 管理职责

(1) 控制部

对推荐的拟参加投标的承包商的资质及履约能力进行复审，组织通过招投标确定承包商的相关工作。

(2) 工程部

负责承包商的资质及履约能力的预审，负责承包商的管理。

(3) HSE 部

参加承包商的资质及履约能力的预审，负责对承包商和监理单位入场前的 HSE 培训工作。

(4) 质量部

参加承包商的资质及履约能力的预审，监督检查承包商的质量管理体系实施情况。

4. 承包商的管理程序

承包商应具有国家有关部门规定的与其所承担工作相应的资质。安装施工承包商原则上在海沙集团公司系统内选择。土建施工分承包商原则上在承建过海沙石化厂项目且信誉较好的承包商中选择。

承包商的确定可按如下方式：公开招标、邀请招标、比价等。

5. 承包商施工过程管理

施工过程中，工程部将会同控制部、HSE部及监理对承包商的合同履约情况进行检查、评价。重点检查承包商的管理水平、管理组织机构及人员配备，工程质量，协作配合，进度、安全、遵纪守法等情况。承包商如有不符合规定或违约现象，限期整改，视情节，轻者口头批评或通报批评，重者报集团公司工程部同意后清除出海沙石化厂40万吨/年PBC项目建设现场。

施工过程中，工程部将会同控制部、HSE部对监理单位的合同履约情况进行检查、评价。重点检查监理的管理水平、组织机构及人员配备，对现场进度、质量、安全等的控制效果。监理单位如有不符合规定或违约现象，要求限期整改。对拒不整改的监理单位报请集团公司工程部同意后进行更换。

工程部应要求承包商在工程实施过程中，严格按照海沙集团公司《建设工程项目管理规范》等有关规范、规程及海沙石化厂40万吨/年PBC项目经理部的有关规定，经批准的施工组织设计组织实施，现场组织机构及有关人员的资质、数量及设备、机具必须满足施工要求。

工程部应要求监理单位在工程实施过程中，严格按照海沙集团公司《石油化工建设工程项目监理规划》等有关规范、规程及海沙石化厂40万吨/年PBC项目经理部的有关规定，经批准的监理规划实施监理，现场组织机构及有关人员的资质、数量、能力和装备必须满足上述要求。

对承包商的管理重点在以下几个方面：项目经理的能力；现场组织机构及管理技术人员配备数量、工作质量、劳动力的投入数量和设备配备情况；HSE和文明施工管理；进度及工作质量；等等。

施工过程中每月对各承包商进行一次评比；具体办法由项目监理单位制订，业主会签。工程交工后，工程部将会同控制部和HSE部对承包商进行综合评定，分别在《施工承包商评定表》（表3-66）上签署意见，意见应从管理水平、管理人员配备，工程质量，协作配合，进度、安全、遵纪守法等几面进行评定。

表3-66　施工承包商评定表

承包商名称：　　　　　　　　　　　　　　　　　　　　编号：

考核项目	考核内容	评价意见
对项目经理评价	组织管理能力	很好□　好□　一般□　较差□
	协调配合能力和结果	很好□　好□　一般□　较差□
	目标执行、控制能力和结果	很好□　好□　一般□　较差□

续表3-66

考核项目	考核内容	评价意见
施工人员数量、机具配备情况	技术人员能力和技术方案制订针对性情况	很好□　好□　一般□　较差□
	现场管理组织机构	很好□　好□　一般□　较差□
	劳动力配备和施工组织合理情况	很好□　好□　一般□　较差□
	施工机具配备情况	很好□　好□　一般□　较差□
现场 HSE 管理和文明施工情况	专职安全工程师配备并胜任情况	很好□　好□　一般□　较差□
	安全措施制订针对性及实施情况	很好□　好□　一般□　较差□
	日常安全工作检查到位情况	很好□　好□　一般□　较差□
	现场文明施工情况	很好□　好□　一般□　较差□
	现场检查问题整改情况	很好□　好□　一般□　较差□
质量管理	质量自控制情况	很好□　好□　一般□　较差□
	过程质量控制报验情况	很好□　好□　一般□　较差□
	产品保护情况	很好□　好□　一般□　较差□
进度管理	总体计划制订符合要求情况	很好□　好□　一般□　较差□
	周、月、季进度执行情况	很好□　好□　一般□　较差□
	各进度主要控制点达点情况	很好□　好□　一般□　较差□
资料管理	施工资料及时完整情况	很好□　好□　一般□　较差□
	施工资料真实准确情况	很好□　好□　一般□　较差□
	资料交付及时情况	很好□　好□　一般□　较差□

总体评价：很好□　好□　一般□　较差□

6. 承包商施工机具管理

承包商必须按批准的施工组织设计组织施工机具进入施工现场并向监理单位报验。

承包商必须保证现场施工机具完好。

承包商施工机具撤场时，必须经得业主和监理批准同意后才能离场。

施工过程中拟计划每季度对各监理项目部进行一次评比检查。具体考核办法由工程部会同控制部、HSE 部等部门专题研究制订。

3.9.5.2　项目监理考核办法

为了规范项目监理单位的管理工作，根据 PMT 项目部(业主)与各家监理单位签订的委托监理服务合同约定，业主将定期对施工现场监理的工作进行考核，具体考核办法如下：

①以项目监理部为单位实行在建项目月度工作质量检查考核。各现场监理工作质量月度考核（每两月一次）由 PMT 工程部牵头，控制部、质量部、HSE 部参加组织实施。对每两月检查的项目量化打分，并写出《监理工作检查小结》，在业主与监理的定期联席会上进行通报，并书面汇报给 PMT 项目部。

②检查考评分值作为考核监理单位合同额 5%发放的重要依据之一。检查考核的主要内容为监理资料、工程实物质量、安全生产、上墙资料等四大块。

③检查监理资料的内容：

a. 监理前期资料的收集是否及时到位。如施工合同和监理合同，施工及监理企业的资质证书，双方人员授权书，岗位证书，施工许可证，质量监督、安全监督等相关手续的书面资料，施工组织设计或施工方案的审批签认，监理规则、监理细则的针对性和完整性。

b. 施工期间的监理资料是否及时、正确。如开工报告等的签认，工程材料/构配件进场使用的报验签认，大型施工机械进场的报检签认，检验批、分项、分部工程及混凝土浇灌申请的报验签认；工程坐标的测量放线定位和单位工程轴线测量复验签认，监理自身的抽检、核检记录，工程进度、造价的控制记录，联系单、通知单、暂停令、备忘录使用的正确性，监理日记、监理月报、旁站记录、会议纪要的及时、正确性。

c. 安全监控资料是否齐全。如深基坑支护及开挖，大体积模板、脚手架专项方案的审批程序，临时用电、现场吊装、预应力张拉、建筑滑模、设备试压、蒸汽管线吹扫等施工及安全方案的报批手续，施工企业的安全网络、安全教育、安全制度的状况，现场安全监理人员的到岗情况。

d. 上墙资料是否完整。如总平面图，进度表，晴雨表，监理人员考勤表，业主、施工及监理人员通信表，监理项目备案表，监理人员岗位职责，项目质量及安全目标，砂浆及混凝土试块的试验报告台账、钢筋连接试验台账等，均应张贴上墙。

④工程实体质量检查的内容：

a. 是否执行施工质量验收规范中的强制性条款。

b. 是否有影响结构安全和使用功能的重大隐患。

c. 是否有一般构造问题和一般结构问题的质量缺陷。

d. 上次检查质量问题的整改及验证结果。

e. 施工安装中需监理旁站监督的到位抽查情况。

⑤现场安全检查的主要内容：

除上述安全资料外，检查现场是否有安全隐患，包括：

a. 深基坑支护、大体积模板及高大脚手架的搭拆，设备试压、管线吹扫、转动设备单机试车等施工是否按所批准的专项方案进行了施工。

b. 施工临时用电是否符合安全技术规范的要求。

c. 建筑机械、塔吊、吊车等是否符合建筑机械和塔式起重机安全技术规程。

d. 脚手架是否符合《建筑施工扣件式钢管脚手架安全技术规范》。

e. “三宝”“四口”“五临边”是否符合《建筑施工高处作业安全技术规范》。

f. 上次检查安全问题的整改及验证结果。

⑥以项目监理部为单位，对总监实行分阶段考核、年度综合考评。

总监是监理单位的项目负责人，对其考核的内容为：

a. 合同履行状况：是否达到合同要约的质量进度、造价及安全控制目标。

b. 工程质量、监理服务质量：是否有用户投诉。

c. 考勤情况：是否做到按时考勤，无虚报，无迟到、早退、脱岗现象。

d. 监理资料管理：要求及时、完整，且有针对性地编制监理规划、监理实施细则；开工报告审批及时、正确，暂停令及复工申请的使用、批准正确；工程款支付凭证使用、批准正确；质量评估报告及监理工作总结编写正确、完整；资料归档齐全、及时、准确。

e. 工作纪律及职业道德纪律：有无违反工作纪律，违反职业道德纪律，存在吃、拿、卡、要现象。

f. 安全管理：未出现伤亡事故或未受到业主管理部门通报及批评的得满分；出现伤亡事故或受到批评的扣分。

组建考核小组：

总监的考核由工程部、控制部、质量部、HSE 部、质量监督站等单位的负责人组成 5 人小组进行分阶段考核。原则上每个单位进行 4 次评分，设备及厂房基础、主体 1 次，安装阶段 2 次，装置中交 1 次。

年终考评：

年终考评，各总监要以考核内容为基础，写出工作总结，交工作考核小组进行评议，交 PMT 项目部领导批准，决定奖励与处理。

监理人员年度考核：

项目监理部各专业监理工程师的年度考核由项目总监负责编制考核办法。

⑦考核等级

对项目监理部、项目总监工程师的考核分“优”“良”“差”三个等级，91 分(含 91 分)以上为“优”，80 分(含 80 分)~90 分为“良”，79 分以下为“差”。

⑧奖惩制度(待 PMT 有关部门具体讨论后确定)。

a. 年度评为“优”的项目总监工程师奖励：______元。

b. 年度评为“良”的项目总监工程师奖励：______元。

c. 年度评为“差”的和在阶段性考核中有两次评为“差”的项目总监工程师，要求监理单位进行更换。

d. 项目监理工作质量检查考核得分在 95 分(含 95 分)以上，奖励项目监理部______元，对当事人奖励______元。

e. 得分在 90 分(含 90 分)以上，奖励项目监理部______元，对当事人奖励______元。

f. 得分在 80 分(含 80 分)以上，奖励项目监理部______元，对当事人奖励______元。

g. 得分在 79 分(含 79 分)以下，给予项目监理部警告通知，对当事人进行记录，发现两次都在 79 分以下的，要求监理单位更换当事人。

⑨制订施工现场监理人员“七不准”，约束和规范监理人员的行为：

a. 不准与建设单位或者施工单位串通，弄虚作假，降低工程质量。

b. 不准将不合格的建设工程、建筑材料、建筑物配件按合格签单。

c. 不准向施工方推荐建筑材料、建筑物配件等有关产品。

d. 不准与施工方发生任何经济往来。

e. 不准无理刁难施工企业，不准有向施工方吃、拿、卡、要等不良行为。

f. 不准擅自对变更工程量单独签证。

g. 不准在工作时间内喝酒、休闲、玩电脑游戏。

监理单位评定表如表 3-67 所示。

表 3-67　监理单位评定表

监理单位名称：　　　　　　　　　　　　　　　　　　　　编号：

考核项目	考核内容	评价意见
对总监评价	组织管理能力	很强□　强□　一般□　较差□
	协调配合能力和结果	很强□　强□　一般□　较差□
	目标执行、控制能力和结果	很强□　强□　一般□　较差□
	服务意识和敬业情况	很强□　强□　一般□　较差□
监理人员配备数量、工作质量和设备配备情况	监理组织机构及监理工程师数量、专业满足要求情况	很强□　强□　一般□　较差□
	监理工程师工作质量情况	很强□　强□　一般□　较差□
	监理工程师业务能力情况	很强□　强□　一般□　较差□
	监理工程师服务意识和敬业情况	很强□　强□　一般□　较差□
	检验、检测设备配备满足要求情况	很强□　强□　一般□　较差□

续表3-67

考核项目	考核内容	评价意见
对项目HSE 和文明施工管理	专职 HSE 工程师配备情况	很强□　强□　一般□　较差□
	安全措施制订及监督实施情况	很强□　强□　一般□　较差□
	日常安全工作检查到位情况	很强□　强□　一般□　较差□
	现场文明施工检查和管理情况	很强□　强□　一般□　较差□
质量管理	质量控制点制订完整、合理情况	很强□　强□　一般□　较差□
	工程质量检查确认、旁站监理情况	很强□　强□　一般□　较差□
	现场施工设备检查、设备材料检查检验情况	很强□　强□　一般□　较差□
进度管理	总体计划制订符合要求情况	很强□　强□　一般□　较差□
	进度偏差分析和调整情况	很强□　强□　一般□　较差□
	各进度控制点、总控制点达点情况	很强□　强□　一般□　较差□
投资管理	优化施工方案节约投资情况	很强□　强□　一般□　较差□
	预结算件审核质量情况	很强□　强□　一般□　较差□
	定期投资对比分析情况	很强□　强□　一般□　较差□
	设计变更施工费用审核情况	很强□　强□　一般□　较差□
信息管理	监理规划、监理细则编制及时和针对性情况	很强□　强□　一般□　较差□
	监理月报准时、真实情况	很强□　强□　一般□　较差□
	监理资料真实完整、对施工资料审核情况	很强□　强□　一般□　较差□

3.10　工程变更及现场签证控制程序

3.10.1　总则

海沙石化 40 万吨/年 PBC 项目执行限额设计、限额采购，严格控制工程变更。但在实施过程中，由于各种原因引起工程技术方案、施工图修改，必须进行变更。为对变更进行有效管理与控制，特制订本程序。

3.10.2 适用范围及分类

适用于海沙石化40万吨/年PBC项目投资范围内所有主项及子项。

变更分为3类，即详细工程设计与批复基础工程设计不一致的变更、对审查后施工图的变更以及现场签证，分类依据如下。

3.10.2.1 详细工程设计与批复基础工程设计不一致的变更

是指在项目详细工程设计过程中，因设计条件变化、基础设计深度达不到要求等原因，致使详细工程设计与基础工程设计不一致。这类变更要重点控制对投资影响较大的技术方案，如设备数量、材质、规格型号、选型等与原批复基础设计不一致。

3.10.2.2 审查后施工图的变更

也称施工图变更，是指因设计规范发生变化、国家法律法规提出新的要求、政府审查施工图提出要求、业主工艺流程要求、现场条件发生变化、设备加工不能满足设计要求等原因对经HSPMT组织审查并批准的施工图进行的必须的修改。

3.10.2.3 现场签证

现场签证的前提条件是不需要对施工图进行修改。现场签证分两种情况：

一是指按施工图要求组织施工，根据现场实际条件，必须完成的工作不能在竣工图中描述工程量，不需要对施工图进行修改。

二是因需要，业主提出请施工承包商完成的临时或零星的施工任务，与施工图无关。

3.10.3 工程变更管理组织机构及职责

40万吨/年PBC项目经理部(简称HSPMT)在HSJTPMT和海沙石化项目建设领导小组领导下负责40万吨/年PBC项目经理部工程变更及现场签证的处理。

HSPMT成立变更控制委员会，由李四任主任，王五、卢六、崔七任副主任。变更控制委员会主任或副主任根据需要组织海沙石化相关单位、HSPMT各部门、专家、监理及有关承包商召开专门会议，审核批准工程变更，需上报海沙集团审批的，由变更控制委员会确定后上报。

HSPMT工程部在HSPMT和HSPMT变更控制委员会领导下负责各项工程变更及现场签证处理具体工作，包括提出、受理、组织评审、办理审批、记录、报告及监督实施等全过程。审查意见应明确工程变更必要性、技术可行性，对项目质量、HSE、进度、费用、合同控制和项目经济效益的影响以及建议意见等。

HSPMT各部门配合工程部完成对工程变更的审查，按部门职责分工提出审查意见。

3.10.4　工程变更的工作程序

3.10.4.1　不一致变更处理

详细工程设计与批复基础工程设计不一致的变更处理，分为设计单位提出和建设业主方提出。此类变更的提出采用报告形式，不设置特定格式，审批表如表 3-68 所示。

表 3-68　海沙石化 40 万吨/年 PBC 项目工程变更审批表

<table>
<tr><td>审批表编号</td><td></td><td>接收申请报告/表编号</td><td></td></tr>
<tr><td>变更提出人</td><td></td><td>WBS 编码</td><td></td></tr>
<tr><td>设计单位</td><td></td><td>装置名称</td><td></td></tr>
<tr><td>原图编号</td><td></td><td>子项名称</td><td></td></tr>
<tr><td>监理单位</td><td></td><td rowspan="2">技术设备供应商</td><td rowspan="2"></td></tr>
<tr><td>施工单位</td><td></td></tr>
<tr><td colspan="4">变更分类：□1. 详细工程设计与批复基础工程设计不一致的变更
□2. 施工图变更</td></tr>
<tr><td colspan="4">附件名称：</td></tr>
<tr><td colspan="4">变更主要内容及原因：
装置经理签字：　　　　日期：</td></tr>
<tr><td colspan="4">设计经理审核意见：
设计经理签字：　　　　日期：</td></tr>
<tr><td colspan="4">变更审批意见：□1. 同意变更；□2. 不同意变更。
变更审批人签字：　　　　日期：</td></tr>
</table>

注：此表由 HSPMT 工程部填写，设计经理/装置经理签字后送变更审批人签署。

1. 设计单位提出的变更

①设计单位在详细工程设计过程中，因各种原因需要对批复基础工程设计进行变更的，由设计单位提出，报 HSPMT 审批后实施。设计单位提出的变更申请

必须说明变更原因并进行技术、经济分析，明确变更工程量和概算。

②HSPMT 工程部收到设计单位提出的变更申请后，即向分管副总经理报告，同时交由装置经理及时组织审查，审查意见报设计经理审核后报分管副总经理。是否具备提交变更控制委员会审批条件，何时提交变更控制委员会审批，由分管副总经理确定。

③变更控制委员会组织审查或审批，授权人员根据审查会议纪要签署审批表。

④HSPMT 工程部根据 HSPMT 审批意见协调设计单位处理。对 HSPMT 同意接受的变更，HSPMT 工程部应做好登记并转设计单位实施。对 HSPMT 要求设计单位进一步完善方案的变更，由 HSPMT 工程部转设计单位进一步完善方案，完善后再按程序报批。

⑤HSPMT 工程部要加强与设计单位沟通，及时发现因设计原因出现的详细工程设计与批复基础工程设计不一致的情况，告知设计单位及时提出变更申请。

2. 业主方提出的变更

业主方（包括 HSPMT、海沙石化有关部门、海沙集团公司）在详细工程设计过程中，因各种原因需要对批复基础工程设计进行的变更：

①HSPMT 各部门提出的变更，由提出人书面向 HSPMT 工程部提出，抄送 HSPMT 政工部。其中 HSPMT 工程部提出的变更，由 HSPMT 工程部直接处理。

②技术设备供应商提出的变更，由 HSPMT 采购部接收，登记后提交给 HSPMT 工程部并抄送 HSPMT 政工部。

③海沙石化有关部门提出的变更（海沙石化个人提出的变更必须经本单位同意并以本单位名义书面提出），由海沙石化有关部门以正式函件方式提交给 HSPMT 政工部，再由 HSPMT 政工部转交给 HSPMT 工程部处理。

④海沙集团公司提出的变更，交由 HSPMT 政工部接收，经会议、领导批示等后转交给 HSPMT 工程部处理。

⑤HSPMT 工程部收到上述申请后，应做好登记，交装置经理及时组织审查，初步进行技术、经济分析，经设计经理审核后报王五副总经理确认是否进一步开展工作，对王五副总经理明确不予变更的申请，HSPMT 工程部应做好登记，对该申请不再讨论。对需进一步审查的变更，按王五副总经理批示处理。

⑥HSPMT 工程部组织完成审查后提交 HSPMT 变更控制委员会审批，提交的审查报告必须详细说明变更原因并进行技术、经济分析，明确变更工程量和概算。是否具备提交变更控制委员会审批条件及何时提交变更控制委员会审批，由王五副总经理确定。

⑦变更控制委员会组织审查或审批，授权人员根据审查会议纪要签署变更审批表。

⑧HSPMT 工程部根据 HSPMT 审批意见协调设计单位处理。涉及设计合同变

更的，由 HSPMT 工程部协调 HSPMT 控制部处理。涉及技术设备供应商的，由 HSPMT 工程部协调 HSPMT 采购部处理。

3.10.4.2　审查后施工图的变更

设计单位、业主、监理和施工承包商可以单位名义对审查后施工图提出变更。对审查后施工图的变更分两种情况处理：一是施工图尚未发施工承包商或施工图已发施工承包商但尚未组织实施的施工图变更，二是已组织施工的施工图变更。所有变更申请必须明确原因并区分是设计原因还是非设计原因，对工程进度、质量、HSE 和投资的影响。此类变更申请表采用固定格式，其中设计单位提出的变更申请表按各设计单位自行确定的格式，业主方、监理和施工承包商提出的变更申请表如表 3-69 所示，业主方对变更的审批统一格式。

表 3-69　海沙石化 40 万吨/年 PBC 项目施工图变更申请表

<table>
<tr><td>变更提出人</td><td></td><td>设计单位</td><td></td></tr>
<tr><td>装置名称</td><td></td><td>监理单位</td><td></td></tr>
<tr><td>子项名称</td><td></td><td>施工承包商</td><td></td></tr>
<tr><td>原图编号</td><td></td><td rowspan="2">接收申请表编号</td><td rowspan="2"></td></tr>
<tr><td>WBS 编码</td><td></td></tr>
<tr><td colspan="4">□1. 施工图尚未发施工承包商
□2. 施工图已发施工承包商但尚未组织实施
□3. 已组织施工</td></tr>
<tr><td colspan="4">附件名称：</td></tr>
<tr><td colspan="4">变更主要内容及原因：

申请单位签字(章)：　　　　　　　　日期：</td></tr>
<tr><td colspan="4">□1. 暂停施工
□2. 已通知暂停施工
□监理单位负责人：　　　　　　　　日期：
□HSPMT 工程部负责人：　　　　　　日期：</td></tr>
</table>

注：此表由申请单位填报，监理或 HSPMT 工程部完善并初审，明确是否暂停施工，是否已通知暂停施工。

1. 施工图尚未发施工承包商或施工图已发施工承包商但尚未组织实施的施工图变更

①由 HSPMT 工程部暂停发放施工图或通知监理，监理通知施工承包商先不予施工。

②由 HSPMT 工程部组织审查。其中，施工承包商提出的变更应由监理审查后提交 HSPMT 工程部。

③涉及设计、施工、监理等合同变更的，由 HSPMT 工程部协调 HSPMT 控制部处理。涉及技术设备供应商合同变更的，由 HSPMT 工程部协调 HSPMT 采购部处理。

2. 已组织施工的施工图变更

①施工承包商提出的变更申请，由监理报 HSPMT 工程部，监理在 72 小时内完成初审，确定是否暂停施工，需暂停施工的，监理签发工程暂停令。HSPMT 工程部在收到监理报告后，组织有关部门在 72 小时内完成评估，按权限审批。

②监理提出的变更申请，由 HSPMT 工程部在 48 小时内完成初审，确定是否暂停施工，需暂停施工的，通知监理签发工程暂停令，在 72 小时内完成评估，按权限审批。

③HSPMT 提出的变更申请(HSPMT 有关部门、技术设备供应商、海沙石化有关部门、海沙石化及上级机关提出的变更申请由 HSPMT 工程部汇总提出，其中技术设备供应商提出的变更申请通过 HSPMT 采购部向 HSPMT 工程部提出)，由 HSPMT 工程部组织监理在 72 小时内完成初审，确定是否暂停施工，需暂停施工的，由监理签发工程暂停令，在 72 小时内完成评估，按权限审批。

④设计单位提出的变更申请，由 HSPMT 工程部通知监理，监理通知施工承包商暂停施工，在 72 小时内完成评估，按权限审批。

⑤涉及施工、监理合同变更(包括进度、费用变更)的，由承包商提出申请，监理审核后报 HSPMT 按有关规定处理。

⑥涉及设计合同变更的，由 HSPMT 工程部收集有关资料，协调 HSPMT 控制部处理。

3.10.4.3 变更审批权限

审查后施工图变更，经评估变更费用不超过 5 万元的，由 HSPMT 装置经理签署意见，工程部负责人审批，报 HSPMT 控制部备案。除此之外的其余工程变更由 HSPMT 工程部组织评估，装置经理签署意见，报设计经理审核后报变更控制委员会审查或审批。经评估变更费用在 100 万元及以上的，报总经理办公会审查同意后，由 HSPMT 负责人根据总经理办公会审查会议纪要签署工程变更审批表。如表 3-70 所示，本项目工程变更授权以下机构/人员审批。

表 3–70　工程变更授权机构/人员审批表

授权机构/人员	变更审批权限
总经理办公会	变更费用 100 万元及以上
李四	变更费用 100 万元以下
王五	变更费用 50 万元以下
甲 4	变更费用 5 万元以下

3.10.4.4　现场签证

①一般情况下，现场签证由施工承包商提出申请，报监理审核是否属于现场签证，监理审核后报 HSPMT 工程部专业工程师审核，HSPMT 工程部甲 1 经理和甲 5 经理审批。

②业主因需要，提出请施工承包商完成的临时或零星的施工任务，与施工图无关的现场签证，必须事先经 HSPMT 王五副总经理批准方案后，由 HSPMT 工程部会同 HSPMT 控制部委托实施。

③需要现场签证的，由监理、HSPMT 工程部专业工程师和施工承包商三方签字生效。

④现场签证前，施工承包商应向监理提出申请，由监理通知 HSPMT 工程部和审计驻现场办公室人员，审计驻现场办公室人员根据情况确定是否现场见证。

⑤有关各方应做好现场签证记录。现场签证一式三份，由施工承包商、监理和 HSPMT 工程部各保存一份。施工承包商每月汇总当月现场签证，汇总表报监理审核，HSPMT 工程部审定。

⑥HSPMT 工程部每月向 HSPMT 报告现场签证情况，现场签证情况月报须抄送 HSPMT 控制部和审计部、监察部驻现场办公室。

⑦现场签证费用是否属于合同外费用，由 HSPMT 控制部确定。

未经审批的变更，有关各方不得组织实施。为及时实施变更，不影响现场工作进度，凡 HSPMT 已审批，但手续尚在办理的变更，根据有关批示、会议纪要等资料也可确定为已审批的变更，可立即组织实施，对此类情况，HSPMT 工程部应在 15 个工作日内完善变更审批手续。

3.10.5　工程变更的资料管理

HSPMT 工程部要指定专人做好工程变更的记录和台账，以及资料管理。

经 HSPMT 审批的变更必须有连续的可识别的唯一编号（编号由 HSPMT 工程部负责管理）。

HSPMT 收到的变更申请也要有分类的连续的可识别的唯一编号（编号由

HSPMT 工程部负责管理)。

HSPMT 工程部每月发布工程变更申请及审批一览表，报 HSPMT，抄送 HSPMT 控制部和审计部、监察部驻现场办公室等有关单位、部门。

变更审批过程资料十分重要，原件须保存在 HSPMT 资料室，HSPMT 工程部每周向 HSPMT 资料室移交已审批变更资料纸质版及 PDF 格式电子文件(若有)。每一份变更审批后 5 个工作日内，HSPMT 工程部须按时间先后顺序完成相关资料整理并移交 HSPMT 资料室，该资料必须是完整的，包括申请、评估、评审、审批等全过程的资料，该资料移交时必须附移交清单，移交清单一式两份，HSPMT 资料室签收后 HSPMT 资料室和工程部各存一份。装置经理对移交 HSPMT 资料室的变更审批过程资料的完整性和正确性负责，移交清单须经装置经理签字。

3.10.6 工程变更的激励机制

为促进参建单位(含业主和承包商)员工为本项目出谋划策，优化方案，降低投资和运行成本，对降低投资或虽适当增加投资但运行成本显著节约的变更和合理化建议，HSPMT 将根据评估对提出人或提出单位、评审人员等实施奖励。

3.11 财务管理办法

3.11.1 总则

为了规范和加强海沙石化 40 万吨/年 PBC 项目财务管理，严格控制工程支出，降低工程成本，并真实准确地反映工程造价，提供完整的工程竣工资料，根据《中华人民共和国会计法》《海沙石化财务管理办法》及集团公司有关规定，特制订本办法。

项目的财务管理工作是在项目部总经理的直接领导下，由财务部负责监督管理，项目财务部负责组织实施、执行。

项目投资控制以批准的设计概算投资总额为准，本着节约不超支的原则进行管理。

3.11.2 资金管理

本项目资金来源由资本金、贷款构成。资本金由资产公司拨款和海沙石化自有资金组成；贷款由企业根据工程进度计划向资产公司申请内部委贷和财务公司贷款。

资本金中海沙石化自筹资本金部分按项目建设进度拨入，资产公司拨入部分的筹措根据资产公司下达的投资计划及时申请拨入；贷款由厂部根据项目需要按内控权限签订贷款协议，按实际需求贷入。

项目资金的使用原则：首先安排海沙石化自有资金，其次安排集团公司总部投资拨款。

3.11.2.1　资金的计划管理

1. 年度资金预算

按照项目总投资额和工程计划进度，控制部编制项目年度投资计划，各部门于 12 月 10 日前根据投资计划编制本部门的年度资金预算，并由部门负责人签字确认后报财务部，财务部结合往来款项的情况进行汇总、修订，编制形成项目部年度资金预算，经项目部总经理/常务副总经理审批后报财务部融资。

2. 月度资金预算

(1) 工程款

每月 20 日前控制部根据年度资金预算、施工合同、工程进度统计报表等资料编制下月资金预算，经部门负责人签字确认，报财务部统一汇总。

(2) 物资采购款

每月 20 日前采购部根据年度资金预算、采购合同、物资到货情况等资料编制下月资金预算，经部门负责人签字确认，报财务部统一汇总。

(3) 其他费用

每月 20 日前各费用责任部门根据年度资金预算、合同和实际情况编制下月资金预算，经部门负责人签字确认，报财务部统一汇总。

(4) 审批报送

财务部汇总、审核各部门月度资金预算，编制形成项目部月度资金预算，经项目部总经理/常务副总经理审批后报审计部批复。

3. 日资金预算

每日 11 时前各部门根据批复的月度资金预算编制下一工作日的资金预算，经部门负责人签字确认，报财务部。

财务部汇总编制项目部日资金预算，经项目部总经理/常务副总经理审批后报送财务部，经审计部批复的日资金预算作为办理付款手续的依据。

3.11.2.2　资金支付管理

(1) 项目资金管理与支付审批规定

根据集团公司及海沙石化关于加强资金管理的规定和要求，结合本工程项目的实际情况，为进一步加强资金管理，明确业务职责和权限，确保项目用款的有效性，降低工程成本，强化货币资金的支付控制，建立监督约束机制，特做如下规定：

①为防范资金风险，提高资金使用效率，根据海沙集团公司内部控制管理手册及海沙石化内控制度实施细则规定，对资金支付审批权限规定如下，如表3–71所示。

表3–71　资金支付审批权限表

职级	审批人	权限
总经理	张三	300万元及以上
总会计师	郑八	100万~300万元
财务部经理	甲2	5万~100万元
财务部副经理	甲6	5万元以内

②设备材料采购款、施工费用款和其他服务费用等支付审批权限。业务部门在签订的合同中，对采购支付大型长周期设备备料款、工程进度款，及各种质保金的支付，要明确约定总额的比例及支付时间等具体条款，并根据项目负责人审批权限表执行，如表3–72所示。

表3–72　项目负责人审批权限表

职级	审批人	权限
总经理	李四	100万元及以上
副总经理	王五、卢六、崔七	100万元以内

③根据费用管理内控制度的规定，对办公费等及其他费用审批权限规定如表3–73所示。

表3–73　办公费等及其他费用审批权限表

费用	审批人权限		
	张三	李四	王五
办公费	单笔金额≥1万元的	单笔金额在5000元(含)~1万元的	单笔金额<5000元。核实情况，提出意见
差旅费	单人单次金额≥2万元的	单人单次金额在5000元(含)~2万元的	单人单次金额<5000元。核实情况，提出意见
会议费	单人单次金额≥5万元的	单人单次金额<5万元的	核实情况，提出意见
业务招待费	单次招待金额≥1万元的	单次招待金额在5000元(含)~1万元的	单次招待金额<5000元。核实情况，提出意见

④审批支付程序：当具备支付条件付款时，经办人必须按照规定填制项目资金支付审批表，并按审批程序执行办理。

(2)采购合同资金支付条件

①预付款支付。对大型设备、非标设备须预付款时，一般第一次付款不得超过合同总额的 30%(特殊具体约定除外)，业务员凭合同、发票或收据、等额保函等要件办理支付；支付制造进度款时必须有供应商提出书面的申请、监造单位出具意见，没有监造单位的，由采购部核实。

②采购入库款支付。凡具备付款手续(合同、发票、审批表、入库单、质检证明、安装验收合格证书等)的，业务员进行请款，经权限审批后，交财务部办理有关支付事宜。

③质保金支付。采购的工程物资必须留有足够的质量保证金，待保修期满后需支付时，供应商提出书面的申请，经工程部(或生产准备部)出具验收考核合格证明(无质量问题)并加盖公章，按规定的付款程序审批后，财务部方能支付。

(3)工程款项支付

工程款项的支付原则是按合同、按进度、按审批程序办理。

①工程预付款的支付和扣回。根据工程合同的规定支付预付款，原则上建筑工程不得超过合同总额的 15%，安装工程不得超过合同总额的 10%。控制部经办人凭合同、发票、等额保函填制费用报销单办理资金支付审批，审批完成后交财务部办理；在支付进度款时，各项目进度达到规定的起扣点时按比例扣回预付款。

②工程进度款的支付。控制部根据已审核的施工承包商报送的“施工进度款审批表”、合同、发票、统计报表等资料，办理完毕支付审批后，交财务部办理有关支付事宜，不得提前支付进度款。其原则是：包干工程进度款的支付不得超过合同总额的 85%，按实结算工程进度款的支付不得超过工程合同总额的 80%。

③工程结算款的支付。控制部根据已审定核算完成的施工承包金额报送工程结算书、合同、发票、资料卡片等资料，办理完毕支付审批后，交财务部办理有关支付事宜。

④质量保证金的支付。支付质保金时，承包商提出书面的申请，经相关部门验收考核证明并出具证明书加盖公章，财务按规定付款程序进行办理。

(4)其他费用的支付管理

设计费用、监理费用等其他费用按合同约定进行支付；建设单位管理费必须按海沙石化现行有关规定或经海沙石化批准的项目经理部的有关规定执行。

(5)委托付款管理规定

凡需办理委托付款的，收款单位出具委托书(明确单位名称、开户银行、账号)，法定代表人签字并加盖单位公章和财务专用章；同时，项目经理部业务部门负责人必须签字确认并加盖公章。

(6)资金支付审批管理

资金支付审批要件表，如表 3-74 所示。

表 3-74　资金支付审批要件表

资金支付项目	主要要件
采购预付款	采购合同、等额保函、财务收据
采购入库款	采购合同、发票、入库单、质检证明书(验收合格证明)
物资质保金	合同、供应商书面申请、考核合格证明(质量验证报告)
工程预付款	施工合同、发票、等额保函、费用报销单
工程进度款	施工进度款审批表、合同、发票、费用报销单统计报表
工程结算款	工程结算书、合同、发票、费用报销单资料卡片
工程质保金	承包商的书面申请、验收考核证明书
其他费用	合同、发票、费用报销单、验收证明

3.11.3　工程物资管理

3.11.3.1　工程物资

工程物资的管理是指项目建设全过程的工程物资，交给库房(物流公司)实行有偿服务管理，库房库管员(物流公司)必须按物资类别建卡、建账(数量、单价、总价)，对工程物资的收、发、存情况进行核算。

①项目建设物资，实行采购、储运分离的办法，采购部采购的工程物资交库房储存，财务部根据合同、到货情况、审批完毕的资金支付审批表办理付款结算。

②业务部门须准确无误填写入库单，经仓储部门验收后入库进行收、发、存的管理。

③每月末前，会计人员必须分期到库房进行稽核，从价值上核对物资的收、发、存情况。

④每月末财务人员、业务员、库管员三方须进行对账，保证账账、账实相符。

⑤由采购部牵头，会同财务部、库房(物流公司)共同完成每年的物资盘点工作，确保工程物资的安全、完整。

3.11.3.2　工程物资的领用

(1)工程物资领用管理规定

工程物资的领用采用专用的“海沙集团公司海沙石化 40 万吨/年 PBC 项目物

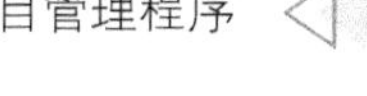

资领用单”。该物资领用单在监理单位、项目经理部、库房(物流公司)和施工承包商之间流转，杜绝“白条”领料。

(2)物资领用的审批及流转程序

①施工承包商在领用物资时，须详细填写物资领用单内容(时间、名称、规格型号、计量单位、请领数量、建设装置名称、单项工程名称、专业、合同号、设计图号)，加盖领用单位公章后送监理单位审批。

②监理单位审核签字后送项目经理部工程部。工程部按施工图、工程进度、专业、施工承包商报送的物资领用计划核实物资领用单，进行审核签字。

③控制部审核合同号、单位(单项工程)是否正确，数量是否超合同，明确是扣款材料或是免费领用，审核签字。

④采购部核料员审核后，到财务部加盖财务专用章后到库房领取物资。施工承包商对已领用而未使用的或按审定后的施工图预算耗量多领的物资退库时，按退库程序管理规定执行，填写红字领料单，经过审批后退库。

⑤施工承包商财务人员每月6日前到项目经理部财务部提取料单，对领用的工程物资进行对账工作，并经双方签字认可。

⑥控制部按单项工程、合同分别建立物资领用台账。每月必须与财务、库管人员、施工承包商核对无误；工程完工后必须提供各装置各合同的设备、材料清单。确保工程结算、决算的工作顺利完成。

3.11.3.3 工程物资核算

①为核算各项工程物资的实际成本，设置“工程物资”科目，下设“专用材料”“专用设备”二级科目，并按照各种物资类别进行辅助核算。

②工程物资入库。发票已到时，按发票不含税金额、运输费、保险费、入库单、资金支付审批表等，借记“工程物资”科目，贷记“银行存款” “应付账款”“预付账款”等科目；发票未到时，做暂估入账，借记“工程物资”科目，贷记“应付账款-暂估应付账款”科目。

③工程物资出库。领用设备，借记“在建工程-在安装设备(不需安装设备)”，贷记“工程物资”科目；施工单位免费领用的安装材料，借记“在建工程-安装工程-材料”，贷记“工程物资”科目；施工单位领用的扣款材料，借记“其他应收款”，贷记“工程物资”科目，在支付进度款时，按合同价格扣回，价差部分计入工程成本，领用物资价值。

工程完工后对领出的剩余物资经物资部批准办理退库手续的，用红字做分录，借记“在建工程-安装工程-材料” “其他应收款”科目，贷记本科目。施工承包商的实际用量超过结算用量的物资，必须经甲乙双方及工程结算审核机构共同签字确认后，按领用时实际采购价格从工程款中全额扣回。

(4)工程结余物资。项目完工后，采购部负责组织对结余物资的处理，盘盈、盘亏、报废、毁损的工程物资，扣除有关单位、个人赔偿部分，计入工程成本，借记“在建工程”科目，贷记“工程物资”科目；转作厂部库存材料的，借记相关科目，贷记“工程物资”科目；对外出售的，作为其他业务收入，同时结转物资成本。

3.11.4 在建工程核算管理

3.11.4.1 工程核算

工程核算应按照装置的单项工程进行，以单台设备、专业建立明细核算。

①建筑工程按单项工程(明细工程)组织财务核算。

②安装工程按单项工程(单台、单体设备)组织财务核算。

③单项工程竣工办理结算，按以下规定办理：

单项工程、单台或单体设备的建筑安装工程造价 = 审计审定后的建筑安装工程结算书金额 + 甲供材料金额(未列入工程结算) - 退料金额。

安装工程结算表中不得包括设备金额，但必须在安装设备清单中列出。

单项工程成本 = 设备金额 + 工程造价。

3.11.4.2 在建工程会计核算

①“在建工程”科目分建筑工程、安装工程、在安装设备、不需安装设备、其他支出二级科目核算，实际发生的支出按设备价值、料、工、费进行统一计算工程成本。

②按合同规定向承包商支付工程预付款时，借记“预付账款”，贷记“银行存款”科目；支付进度款时，根据合同、发票、已完工程月报表、付款审批表等，借记“在建工程 - 建筑工程(安装工程) - 工程费”，贷记“内部存款”“预付账款”“其他应收款”(扣甲供材料)等科目；承包商办理工程价款结算时，根据合同、发票、工程结算书、工程结算审核表、资料卡片、付款审批表等借记“在建工程-建筑工程(安装工程) - 工程款”，贷记“内部存款”、“其他应收款”(扣甲供材料)、“应付账款”等科目。

③工程达到预计可使用状态前进行试生产所发生的支出，计入工程成本，试生产的产品对外销售或转入库存商品时按实际销售收入或按预计销售价格冲减在建工程成本。

④工程发生单项工程报废或毁损，扣除残料价值和过失人与保险公司等赔款后的净损失，计入继续施工的工程成本(待摊支出)，如为非常原因造成的在建工程项目全部报废或毁损，应将其净损失直接计入当期营业外支出。

3.11.4.3 工程结算管理

工程结算实行“三算”原则，执行分级审核的制度，做到原则上设计有概算、施工有预算、竣工有结算的管理办法。工程预、结算的审核须先经监理单位审查，再按照《海沙集团公司海沙石化工程项目预决算管理办法(试行)》(海沙石化〔2003〕计财字 33 号文)办理工程预结算及审核。

3.11.4.4　固定资产零星购置管理

行政部是固定资产零星购置的归口管理部门，负责零购计划的编制、办理转固手续、实物动态管理、建立台账，及固定资产的调入、调出、盘点、报废的手续。财务部负责固定资产的账务管理，定期与行政部核对，做到账实相符。生产职工培训由生产准备部提出培训计划，项目部与厂人力资源部门共同审定后组织实施，按培训协议及有关规定开支费用。

3.11.4.5　待摊投资的管理和分摊

单位管理费、土地征用及迁移补偿费、临时设施费、贷款利息等待摊投资，按现行会计制度规定进行归集、分摊。

3.11.5　资产交付和竣工决算管理

3.11.5.1　资产交付

交付使用资产是指项目建设已经完成，并已办了验收交接手续，交付或结转给生产、使用单位(部门)的各项资产，是项目建设的最终成果。故交付使用资产的成本计算对象和组成内容必须经项目经理部相关负责人员审核签字后，财务才能将其作为计算交付使用资产金额的依据。

房屋、建筑物、构筑物等固定资产的成本，包括建筑工程成本、应分摊的待摊投资。

生产设备、动力设备等固定资产的成本，包括设备的采购成本、安装工程成本和应分摊的待摊投资。

运输设备及其他不需要安装设备、工具、器具、家具等固定资产和流动资产的成本，一般只计算采购成本，不分摊待摊投资。

无形资产及其他资产的成本，一般按取得或发生时的实际成本计算，不分摊待摊投资。

待摊投资按实际发生的比例进行分摊。

①待摊投资分配率 = 待摊投资总额/(建筑、安装工程投资总额 + 设备投资总额 + 其他投资中应分摊待摊投资的部分之总额)×100%。

②某项交付使用资产应分摊的待摊投资额 = 该项建筑安装工程投资总额、设备投资总额、其他投资中应分摊待摊投资的部分之总额 × 待摊投资分配率。

3.11.5.2 竣工验收

项目经理部应按照批准的设计文件所规定的项目，及时地组织有关部门、单位进行竣工验收，办理移交手续。其程序如下：

①控制部根据工程项目提供全部设备、材料清单明细，清单应按项目列出所有资产的名称、规格型号、计量单位、数量、金额等信息。工程部对清单按资产类别项目进行分类，形成交付资产实物清册，使用单位技术人员、管理人员、负责人逐项清理核对实物并签字确认，资料须经经办人、部门经理签字盖章。

②控制部、采购部清理项目合同，提供合同执行情况表，资料须由经办人、部门经理签字盖章，将所有合同纳入决算内。

③工程部、控制部对工程进行清理，如有尾项工程，须提供尾项工程明细清单，经有关部门审核报项目总经理签字审批后，作为纳入决算的依据。

④项目经理部财务部根据建筑安装工程投资、设备投资、待摊投资、其他投资等科目提供的核算资料，按双方约定公式分摊待摊投资，并计算各项交付使用资产的实际成本，编制一式五份的“交付使用资产明细清册”(一份财务部作为转固的依据，一份交使用单位增加有关资产的依据，一份作为项目财务部交付使用资产核算的依据，一份交设备管理处作为资产管理的依据，一份汇总装订成册，作为竣工决算的附件)，经项目经理部和使用单位双方签字盖章后，移交使用单位。

⑤财务部依据签署完整的交付清册进行账务处理，资产交付由财务部与厂财务部分别进行账务处理，通过“应收内部单位款”科目进行资产账务移交。

3.11.5.3 竣工决算

项目建成，应编制工程竣工财务决算。

①工程竣工财务决算是竣工决算的组成部分，是正确核定新增固定资产价值，反映竣工工程建设成果的文件，是办理固定资产交付使用手续的依据。因此要认真执行有关的财务核算办法，严肃财经纪律，实事求是地编制竣工财务决算，并做到编报及时、数字准确、内容完整。

②工程竣工财务决算的依据，主要包括可行性研究报告，基础设计和详细设计，修正总概算及其批复文件；承包合同、工程结算等有关资料；历年投资计划、历年财务决算文件；有关的财务核算制度办法；其他有关资料。

③在编制竣工财务决算前，要认真做好各项清理工作，主要包括基本建设项目档案资料的归集整理、账务处理、财产物资的盘点核实及债权债务的清偿，做到账账、账证、账实、账表相符。

3.11.5.4 固定资产估价入账

项目因特殊原因不能及时办理竣工决算的，在项目达到预定可使用状态并得到有关技术和管理部门确认后，应根据该项目的预计投资成本，报总会计师审定后，按估价办理项目预转固，竣工验收完成后需要调整固定资产价值的按规定程序及时调整。

3.11.5.5　其他

财务部应按规定编制月、季、年度会计报表上报审计部；工程建造完成后，应编制竣工财务决算报表和竣工财务决算报告。

项目建成，负荷联合试车达到设计标准，项目经理部应编制竣工验收报告，申请竣工验收。

(1)竣工验收报告

竣工验收报告按照《石油化工建设工程项目竣工验收规定》编写，控制部负责组织各相关部门完成，行政部统稿。

(2)各部门管理职责

①行政部负责起草竣工验收证书，收集提供项目相关批复文件，负责档案验收工作，汇总编撰竣工验收报告。

②控制部统筹竣工验收工作时间安排，负责组织编写竣工验收报告及附件；完成竣工验收报告中有关合同、工程概况、建设管理等方面内容的编写工作。

③工程部负责组织项目交工验收，收集验收确认文件，对工程实物量的汇总统计，对未完工程落实收尾时间和措施。完成竣工验收报告中有关工程设计、施工、监理等方面内容的编写工作。

④HSE 部负责组织项目专项验收(消防、职业卫生、劳动安全卫生、环境保护)，负责提供“三同时”文件，完成竣工验收报告中有关 HSE 等方面内容的编写工作。

⑤采购部负责设备材料的盘点，提供库存物资明细表，负责收集提供技术、设备引进项目的相关文件，完成竣工验收报告中有关物资采购、外事工作方面内容的编写工作。

⑥质量部负责施工质量、主要设备材料质量评定，完成竣工验收报告中有关质量方面内容的编写工作。

⑦财务部负责完成竣工决算及审计工作，提供竣工决算报表及相关财务资料，完成竣工验收报告中竣工决算与审计方面内容的编写工作。

⑧生产准备部负责生产准备工作，组织装置的投料试车、试生产与性能考核工作，完成竣工验收报告中生产准备、投料试车与试生产等方面内容的编写工作。

3.12 综合管理程序

3.12.1 目的

确保40万吨/年PBC项目涉及的法定审批、文件管理、外事管理、保安环境、办公设施及后勤管理等工作的顺利开展，为工程建设创造良好的工作环境和生活条件。

3.12.2 适用范围

适用于海沙石化40万吨/年PBC项目。

3.12.3 组织机构

以项目经理部政工部为主，项目经理部各部门协调配合，同时依托海沙石化各有关部门。

3.12.4 主要职责

负责项目涉及的法定审批资料的报批工作。

负责项目经理部文件收发、处理、归档及档案资料管理工作。

配合海沙石化外事办做好项目外事管理工作。

抓好项目办公区域、现场门岗的安保守护、环境治安工作，协调有关部门及施工单位做好现场物资、半成品、成品管理和环境治安工作。

负责项目经理部办公设施的配置和管理，车辆管理，以及办公区域日常管理及维修维护工作。

负责并协调有关部门和单位做好项目接待工作，以及项目经理部员工因公用车、工作餐、上下班交通等工作。

协调处理其他行政后勤工作。

3.12.5 工作接口

东海市有关部门、崖山区有关部门、海沙石化有关部门、项目经理部各部门、各承包商和各监理单位。

3.12.6　工作程序

3.12.6.1　法定审批

准备资料，完成报批、审批工作。

1. 资料准备

由政工部根据各项审批工作的要求准备报审资料；工程部负责协调设计院提供项目所需的各种法定审批需要的设计资料；HSE 部协调提供环评、消防等法定审批资料；控制部负责环保、安全、消防、职业病、防雷等评估合同谈判和签订；财务部负责相关费用的支付。

2. 申请

按照各单项审批、验收工作的要求，由政工部起草申请报告，以海沙石化名义向东海市相关部门、海沙集团公司上报。

3. 审查

政工部负责各种审查的资料准备及会务安排与接待工作，以及到现场的各项检查工作，相关部门配合。

4. 协调和催办

根据审查、验收部门的意见，及时协调有关部门提供补充资料，按时完成审批。

3.12.6.2　文件管理

1. 文件的控制

①项目对外联络及内部往来文件和资料归口由政工部管理，包括但不限于项目实施过程中产生的命令、决定、通告、通知、通报、报告、规定、请示、批复、意见、函、会议纪要等文件，合同、招投标文件、各种报告、情况说明、电子邮件、传真、会议记录、电话记录、备忘录等文书，图纸、报表、指令单、领料单、计量表、申请表、台账、图片、录音、录像等资料。

②所有与项目相关的设计、制造、采购、施工、监理、检验检测等资料均收归资料室建档、整理，以供利用。

③员工外出参加会议、出差带回的与项目相关的资料，必须及时送交资料室统一管理，方便查阅待用。

④每一份文件必须登记在专门的文件登记簿中，并按规定标注文件编号，方便利用。

⑤所有文件及文书资料必须以纸质形式留存一份归档，并同时建立一份电子文档，以满足工程竣工验收的要求

2. 文件的接收

所有从国家机关、地方政府、集团公司海沙石化各部门来的文件，以及项目经理部各部门需报副总经理审阅的文件，均归口到政工部负责机要事务的工程秘书接收和处理。

所有从承包商、供应商、服务商等处来的文件、函件，以及员工参加会议、出差带回的文件，均归口由项目经理部资料室文件控制主管接收和处理。

3. 文件的发出

发件人应确保发出的文档有一个正确的文档编号和正确的分发人员名单，同时做好发文登记及存档。

所有因项目需要发往国家机关、地方政府和集团公司的正式文件应以海沙集团公司名义发出，执行海沙集团公司公文处理办法。

所有由项目经理部起草的，发往国家机关、地方政府和集团公司的关于本工程的正式文件，政工部工程秘书应获取一份正式文件(包括电子文件)用于归档。

项目经理部发往海沙集团公司、海沙石化各部门、各承包商和项目经理部各部门的正式文件，执行项目经理部《文件控制管理规定》(海沙石化 HSPMT〔2019〕10 号)。

所有发往设计单位的函件和资料根据 HSPMT 与设计单位约定的海沙石化 40 万吨/年 PBC 项目设计联络方式以及项目经理部《文件控制管理规定》(海沙石化 HSPMT〔2019〕10 号)执行。

施工承包商、供应商和监理单位的文件发送根据与施工承包商、供应商及监理单位签订合同中的约定执行。

3.12.6.3 外事管理

1. 组织管理

由海沙石化外事部组建项目外事工作小组，对项目外事工作实行归口管理，并在项目经理部领导下开展工作。

项目外事工作小组在项目建设前期派 1 名人员常驻现场，专职负责外事管理兼翻译等日常工作。根据项目建设施工进展及来现场服务的外技人员的情况，陆续增派翻译人员驻现场负责对口外技人员开展工作。

2. 工作职责

建立和健全项目外事管理程序和工作制度，认真执行外事工作纪律和规定，切实履行项目外事工作职责，定期或不定期地向项目经理部和外事工作主管领导汇报项目外事工作情况。

配合项目经理部各职能部门开展各个专业的涉外工作。负责涉外合同执行的对外联络；组织和参加各种涉外会议；组织重要外文资料的翻译工作。

负责涉外文书的翻译和审核把关；负责项目涉外往来函件、会谈资料的笔译工作。保障外方代表现场工作对外文文秘和翻译工作的需要。

负责项目所有外事活动的接待工作。协调有关方面做好外方人员生活后勤保障工作，满足其在本市本社区对生活翻译的需要。

根据合同和工程进度制订外方技术人员来华计划，负责项目外籍人员出入境管理工作，做好其来华邀请、签证延期、工作许可证、卫生检疫等相关证照办理及管理工作。

负责外技人员在项目施工现场各环节各场合的口译工作，向中方有关单位和人员传达外方代表的工作指令。

负责来现场服务的外技人员的有关管理工作，包括负责外技人员的工作日志、考勤及现场办公室有关管理等工作。

配合厂外事办公室做好项目出国团组的申报与催办工作，做好项目出国团组的出国教育工作，做好因公出国护照管理工作。

做好项目外事工作计划、总结和外事档案管理工作。

3.12.6.4　安保环境

1. 管理原则

HSPMT办公区和项目施工现场的安保守护工作纳入海沙石化封闭化管理范畴。凡出入该区域的人员、车辆、物资都必须遵守海沙石化人员、车辆、物资出入管理有关规定。

安保守护工作按照专业化管理，契约化服务，谁主管、谁负责的原则进行。

东海安保公司(以下简称安保公司)承担HSPMT办公区和项目施工现场的保安守护工作。

各承包商负责所承包项目的施工现场的保安守护工作。

HSPMT政工部、HSE部分别负责HSPMT办公区和项目施工现场保安守护的指导、监督、考核工作。

2. 门禁管理

进入HSPMT办公区和现场的人员、车辆、物资必须服从门卫人员的管理，接受必要的安全检查，禁止无关人员和车辆进出办公区和现场。

进入现场人员需持有海沙石化保卫部或人资部统一制作的出入证、工作证，并应主动接受门卫或管理人员检查。证件不得转借，证件丢失要及时报告办证部门。

进入现场车辆，一律凭海沙石化保卫部制发的车辆通行证，按指定的现场出入口进出。车辆通行证一律放置在车前窗左侧。

外部送货车辆凭 HSPMT 采购部送货单据，按指定的现场出入口进出。

工程建设施工期间，凡运出物资都需办理出门手续填写运出物资出门票。出门票须经项目部相关部门负责人签字确认。门卫人员要检验出门手续，核查运出物资与出门票内容相符方可放行；否则，门卫一律拒绝放行。

3. 现场治安保卫管理

施工现场的治安保卫工作实行“项目承包商自主管理”的原则。HSPMT 政工部协助保卫部对现场治安保卫工作进行协调和管理。

进入现场施工的承包商要建立健全治安保卫责任制，配备专人负责此项工作，制订并落实必要的治安保卫方案和切实可行的措施。治安保卫方案应报海沙石化保卫部和 HSPMT 政工部备案。

承包商应根据施工现场需要配备足够的警卫力量，加强施工现场的巡逻警卫及守护工作。对重点施工部位、重要机组、设备配件要做到有专人看守，防止破坏、丢失和被盗。

现场施工期间发生破坏、丢失、被盗等情况及治安案件，各承包商要及时向海沙石化保卫部和 HSPMT 政工部报告，发生重大案件要向公安部门报案。

各承包商要对所雇佣的民工、临时工加强管理，要做到所雇佣的民工、临时工来源清楚，手续完备，人员可靠，防止不法分子混入施工现场。

施工现场内严禁人员居住。承包商现场巡夜值守人员名单要事先报海沙石化保卫部和 HSPMT 政工部备案。巡夜值守人员要选派责任心强、忠于职守的人员担当。

对治安保卫工作不重视、管理制度不落实、措施不到位的，将按规定对相关单位进行处罚。

3.12.6.5 办公设施及用品

1. 办公设施管理

按照实际需要，合理设置办公用房并由政工部统一管理。

协调有关单位和部门确保项目办公区水、电、网络、OA 系统、电话通信、监控系统等的正常使用。

办公用房和相关设施及办公设备的维护维修，现场办公区域的场地清扫和卫生保洁等，按海沙石化的有关规定纳入其相关管理范围，并按有关管理办法进行管理。

项目办公发生的各类办公费、维修费、劳务费、清洁费等由行政主管负责核算，政工部经理负责审核，项目部主管领导审批，财务部统一结算支付。

2. 办公用品管理

办公用品(办公设备)的管理工作归口政工部负责。

办公用品的计划、采购、发放、结算、支付等，按HSPMT办公用品管理规定执行。

办公设备（包括计算机、复印机、空调、车辆等形成固定资产的物资）根据项目工作需要，由政工部拟定计划，项目部主管领导审批，采购部按程序组织采购，政工部负责按海沙石化固定资产管理规定进行管理。

3.12.6.6　后勤管理

1. 员工就餐

办公区设置HSPMT员工餐厅并配置必要的设施，委托海沙石化宾馆负责员工工作餐的配送供应，并负责餐厅清洁卫生和设施的管理。

工作餐费用按海沙石化员工工作餐管理规定由海沙石化行政事务部据实结算划转。

2. 接待用餐

海沙石化内接待用餐执行HSPMT接待用餐管理规定。凡客饭的安排、通知、费用报批及结算支付等事项统一由政工部负责办理。

各部门需安排客人用餐的，原则上一律安排在HSPMT员工餐厅用工作餐。根据情况需在海沙石化宾馆或其他地点就餐的，由政工部统一联系安排。

3. 车辆管理

项目经理部车辆日常管理工作归口政工部负责。各部门因公使用车辆按HSPMT车辆使用管理规定执行。

员工上下班交通按海沙石化有关管理办法，由海沙石化物流公司按契约化服务的办法负责接送。有关合约由控制部与海沙石化物流公司签订。

4. 客人来访

外来人员来项目经理部联系工作、接洽业务或办事由相关业务部门对口接待，执行HSPMT《外来人员来访接待管理规定》。

来访人员进入办公区应在门卫处主动接受保安人员的问询并登记，应服从接待人员或保安人员的安排，不得随意进入其他无关的办公室。

5. 禁烟管理

现场办公区禁烟管理按HSPMT《大临办公区禁烟区域划分规定》执行。

6. 其他事宜

外来客人的住宿、就餐等生活保障工作，依托海沙石化现有行政体系解决。

其他临时性后勤保障工作由政工部或协调有关部门落实。

3.13 生产准备管理程序

3.13.1 目的

为加强海沙石化40万吨/年PBC项目的试车及开车管理工作，确保项目投料试车一次成功，并实现安全稳定长周期运行，按期形成投资效益，特制订本管理规定。

3.13.2 适用范围

适用于海沙石化40万吨/年PBC项目的生产准备工作。

3.13.3 开车及开车管理原则

开车及开车管理工作贯穿于工程建设项目的始终，开车及开车管理各阶段工作纳入工程建设项目的总体统筹控制计划之中。

开车工作要遵循"单机试车要早，吹扫气密要严，联动试车要全，投料试车要稳，试车方案要优，试车成本要低"的原则。

本程序的依据是《海沙集团公司建设项目生产准备与试车规定》(海沙集团建〔2018〕62号)。

3.13.4 职责分工

①项目的生产准备和试车管理由海沙石化和40万吨/年PBC项目经理部(HSPMT)统筹安排。

②HSPMT生产准备部负责生产准备及试车组织，主要任务是编制各种试车方案、技术资料、管理制度，使生产人员掌握各装置的技术。技术准备方面应做的工作：

技术资料、图纸、操作手册的(翻译)编印。

编制各种技术规程、岗位操作法。

编写培训资料、各种技术资料(包括机、电、仪)、综合技术资料、装置介绍、原料(三剂)手册、物料平衡、产品质量、润滑油、设备等资料。

编制企业管理的各项管理制度。

建立生产技术管理系统，全过程参与技术谈判、方案审查等工作。

编制总体试车方案(投料一年前，之后不断修改)，装置联动试车、投料试

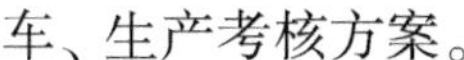

车、生产考核方案。

组织编制大机组试车和系统干燥、置换及三剂装填等方案，并配合施工单位做好系统吹扫、气密及化学清洗方案。

编制储运、公用工程、自备发电机组、热电站、锅炉、消防等试车方案。

计算机仿真培训技术准备。

国内外技术资料编制(翻译)出版计划、各种试车方案的编制计划、技术准备总体网络计划。

③海沙石化人力资源部应根据批准的定员指标适时配备人员。生产管理、技术人员及主要操作、分析人员应在投料试车前1~2年以前进海沙石化。做好对配备人员素质的筛选和基础知识、专业知识的培训工作。

④HSPMT采购部负责试车所需用原料、燃料、三剂、化学药品、标准样气、备品备件、润滑油(脂)等的采购、保管和按需发放，生产准备部在使用时间一年前提出相应的品种、数量及供货时间计划。

⑤HSPMT财务部负责开车所需的各项生产准备费用的准备，并纳入建设项目的投资计划之中。

3.13.5　工作内容

试运转、中间交接过程按时间划分为三个阶段：单机试车阶段、联动试车阶段、投料试车阶段。“三查四定”工作一直贯穿试车工作始终。

3.13.5.1　单机试车

1. 目的

①单机试车系指现场安装的驱动装置空负荷运转或单台机器、机组以水、空气等为介质进行的负荷试车。

②检验其受介质影响外的机械性能和设备的制造、安装质量。

2. 适用范围

40万吨/年PBC项目的设备或系统安装之后。

3. 内容及职责

(1)单机试车前的准备工作

①工程扫尾和生产人员适时进入现场。

在工程安装基本结束时，施工单位、监理单位和项目经理部从各自职责角度抓工程扫尾和组织生产人员适时进入现场。

施工单位：抓扫尾、保试车，按照设计和试车要求，合理组织力量，认真清理未完工程和工程尾项，并负责整改销项。

监理单位和项目经理部：抓试车、促扫尾，协调、衔接好扫尾与试车的进度，组织生产人员及早进入现场，及时发现问题，尽快整改。

②抓好“三查四定”工作。

工程按设计内容安装结束时，由施工单位进行工程自检。根据自检情况，按照单位工程的划分，逐个进行质量初步评定。

同时，由监理组织项目经理部和有关单位按照建设工程的单元和系统，分专业进行“三查四定”。

“三查”的内容是：查设计漏项（含设计隐患）、查施工质量隐患、查未完工程。

“四定”的内容是：对检查出的问题定任务、定人员、定措施、定整改时间。

“三查四定”的结果应形成文件，由各责任方确认后，分头负责实施。

③准备好试车临时设施。

施工单位按照试车方案的要求提出临时设施的实施计划，报监理单位和项目经理部审核确认，由施工单位组织施工。

④备足试车物资。

单机试车所需要的电力、蒸汽、工业水、循环水、脱盐水、仪表风、氮气、燃料气、润滑油（脂）及物料供应确有保证。

（2）系统的清洗、吹扫、气密

系统的清洗、吹扫、气密工作是配合单机试车准备工作的重要环节。

①系统清洗、吹扫、气密由施工单位编制方案，监理、生产车间、项目经理部审核，施工单位、项目经理部实施，监理单位监控，并最终由生产车间和项目经理部确认。

②系统清洗、吹扫、气密要严把质量关，使用的介质、流量、流速、压力等参数及检验方法必须符合设计和规范的要求，引进装置应达到外商提供的标准。

③系统进行吹扫时，严禁不合格的介质进入机泵、换热器、冷箱、塔、反应器等设备，管道上的孔板、流量计、调节阀、测温组件等在化学清洗或吹扫时应予拆除，焊接的阀门要拆掉阀芯或全开。

④氧气管道、高压锅炉（高压蒸汽管道）及其他有特殊要求的管道、设备的吹扫、清洗应按有关规定进行特殊处理。

⑤清洗、吹扫结束后，交项目经理部和生产车间进行充氮或其他介质保护。

（3）大机组等关键设备的单机试车

大机组等关键设备是本项目的核心设备，其单机试车过程，工程参建各方都要高度重视，慎之又慎。

①大机组等关键设备的单机试车，由施工单位和40万吨/年PBC项目经理部组织，成立试车小组。

②施工单位负责编制单机试车方案，该方案必须经过生产车间、设备制造海沙石化、监理、项目经理部等单位联合确认后，方可实施。

③试车操作由生产车间熟悉试车方案、操作方法，考核合格取得上岗证的人员进行操作。

④引进设备的试车方案，按合同执行。

⑤大机组等关键设备试车应具备的条件详见《海沙集团公司建设项目生产准备与试车规定》。

⑥单机试车过程中要及时填写试车记录，单机试车合格后，由施工单位组织参与试车的生产车间、项目经理部、监理等人员确认、签字。引进装置或引进设备按合同执行。

(4)除大机组等关键设备以外的转动设备的单机试车。

①这些转动设备的单机试车，由施工单位组织，成立试车小组。

②施工单位编制试车方案并负责实施，项目经理部和生产车间配合。

③设计单位、采购部门、监理单位参加。

④单机试车过程中填写试车记录和对试车合格后的确认、签字的要求，与大机组等关键设备要求相同。

3.13.5.2　中间交接

1. 目的

工程中间交接是施工单位完成单机试车阶段后，向40万吨/年PBC项目经理部办理工程交接的一个必要程序。

2. 适用范围

40万吨/年PBC项目的中间交接，按单元或系统进行中交，并且要满足工程中间交接的十个条件和五项内容。

3. 内容及职责

(1)工程中间交接的十个条件

①工程按设计内容施工完。

②工程质量初评合格。

③工艺、动力管道的耐压试验完，系统清洗、吹扫、气密性试验完，防腐保温基本完；工业炉煮炉完。

④静设备无损检验、强度试验、清扫完；安全附件(安全阀、防爆门等)已调试合格。

⑤动设备单机试车合格(需实物料或特殊介质而未试车者除外)。

⑥大机组用空气、氮气或其他介质负荷试车完，机组保护性连锁和报警等自

控系统调试联校合格。

⑦装置电器、仪表、计算机、防毒防火防爆等系统调试联校合格。

⑧装置区域(工程现场)施工临时设施已拆除，工完、料净、场地清，竖向工程施工完。

⑨对联动试车有影响的“三查四定”项目及设计变更处理完，其他未完尾项责任、完成时间已明确。

⑩现场满足 HSE 规定的试车要求。

上述条件，由 40 万吨/年 PBC 项目经理部和监理单位组织、协调施工单位等各有关单位或部门按照各自职责实施完成。

(2)工程中间交接的五项内容

①按设计内容对工程实物量的核实交接。

②工程质量的初评资料及有关调试记录的审核验证与交接。

③安装专用工具和剩余随机备件、材料的交接。

④工程尾项清理及完成时间的确认。

⑤随机技术资料的交接。

(3)工程中间交接的程序与形式

①施工单位自查确认中间交接条件。

②施工单位向 40 万吨/年 PBC 项目经理部提出工程中间交接申请，抄送监理单位；40 万吨/年 PBC 项目经理部通知石油化工工程质量监督站。

③40 万吨/年 PBC 项目经理部(会同监理单位、质量监督站、设计单位、施工单位)检查核查工程，确认中交条件。

④ 办理中交手续，移交工程实体和资料；中交会议由 40 万吨/年 PBC 项目经理部主持。

3.13.5.3 联动试车

1. 目的

检验建设项目的设备、管道、阀门、电气、仪表、计算机等受介质影响外的全部性能和制造、安装质量。

2. 适用范围

40 万吨/年 PBC 项目项目的联动试车包括系统的干燥、置换、三剂装填、水运、气运、油运等。

3. 内容及职责

(1)联动试车应具备的条件

详见《海沙集团公司建设项目生产准备与试车规定》。

(2)联动试车方案

①联动试车方案的编制与审批。

联动试车方案由40万吨/年PBC项目经理部生产准备部负责组织编制，由试车领导小组组织审查批准。

②联动试车方案应包括的内容：

a. 试车目的。

b. 试车的组织指挥。

c. 试车应具备的条件。

d. 试车程序、进度网络图。

e. 主要工艺指标、分析指标、联锁值、报警值。

f. 开停车及正常操作要点，事故的处理措施。

g. HSE评估，制订相应的安全措施和(或)事故预案。

h. 试车物料数量与质量要求。

i. 试车保运体系。

(3)联动试车的实施

联动试车在试车领导小组统一指挥下，由40万吨/年PBC项目经理部生产准备部组织实施，施工单位和监理单位配合参与。

联动试车应先从单系统开始，然后扩大到几个系统或全装置的联运。

3.13.5.4　投料试车

1. 目的

检验经济指标外的全部性能，并生产出合格产品。

2. 原则

40万吨/年PBC项目的投料试车应坚持高标准、严要求，精心组织，坚持“五种精神”(科学、强基、拼搏、坚韧、创新)，做到“五不开车”(条件不具备不开车，规程不清楚不开车，流程不清楚不开车，指挥不在场不开车，出现问题不解决不开车)。

3. 内容及职责

(1)投料试车应具备的条件

详见《海沙集团公司建设项目生产准备与试车规定》。

(2)投料试车方案

①投料试车方案的编制与审批。

联动试车方案由40万吨/年PBC项目经理部生产准备部负责组织编制，由试车领导小组组织审查批准。

②投料试车方案应包括的内容详见《海沙集团公司建设项目生产准备与试车规定》。

(3)投料试车的实施

①试车队伍的组成及人员要求。

②关于“倒开车”的计划和措施。

③试车总结。

(4)投料试车的标准

①投料试车主要控制点正点达到，连续运行产出合格产品，一次投料试车成功。

②不发生重大设备、操作、火灾、爆炸、人身伤亡、环保等事故。

③安全、环保、消防和工业卫生做到“三同时”，监测指标符合标准。

④投料试车出产品后连续运行一个生产周期。

⑤做好物料平衡，动态优化试车网络，控制好生产成本，经济效益好。

⑥生产单位要做好各种原始数据的记录和积累，在投料试车结束后半年内写出试车总结。

3.14 工程竣工验收管理程序

3.14.1 目的

为做好海沙石化40万吨/年PBC项目竣工验收工作，特制订本管理程序。

3.14.2 适用范围

适用于海沙石化40万吨/年PBC项目。

3.14.3 管理职责

3.14.3.1 政工部

负责起草竣工验收证书；负责收集提供项目批复文件。

3.14.3.2 控制部

统筹竣工验收工作的时间安排，组织实施建设项目的工程竣工验收工作；负责组织编写竣工验收报告及附表；负责提供竣工验收所需的有关工程建设进度、各种合同等方面的资料；完成工程竣工验收报告中有关进度、合同方面相关内容

的编写工作；协助其他部门完成竣工验收的相关工作。

3.14.3.3　工程部

负责收集专业验收的确认文件及建设工程的“三同时”审查文件；负责组织监理单位汇总工程项目完成实物量，并对工程项目进行清理，对少量未完工程落实收尾时间和措施；负责编写竣工验收报告中相关章节的内容；协助完成项目档案竣工验收方面的工作；组织协同有关设计单位参加项目竣工验收工作；负责编写项目竣工报告中与设计有关章节的内容；对项目的设计质量做出评价。

3.14.3.4　HSE 部

负责环境保护方面的竣工验收工作；负责组织项目消防方面的竣工验收；负责工业卫生方面的竣工验收工作；负责组织职业卫生方面的竣工验收工作；负责提供“三同时”审查文件；提供有关验收的确认文件；负责项目竣工报告中相关章节的编写。

3.14.3.5　采购部

负责设备盘点及“三材”核销，提供设备、材料库存明细表；负责编写项目竣工报告中与物资采购相关章节的编写工作。

3.14.3.6　财务部

负责完成竣工决算及审计工作；提供项目财务报表、工程竣工决算报表以及其他与财务有关的资料；负责项目竣工报告中与财务相关章节内容的编写。

3.14.3.7　生产准备部

组织实施生产装置及公用工程的生产考核工作。

3.14.3.8　质量部

负责收集提供竣工验收所需的有关工程质量检查、质量例会、质量事故和质量评定等方面的资料；负责项目竣工报告中相关章节的编写工作。

3.14.4　工作内容

竣工验收工作可按专业验收和竣工验收两个阶段进行；除执行《石油化工建设项目竣工验收规定》外，尚应符合国家环保、消防、工业卫生、职业安全卫生、档案、审计、统计等主管部门的有关规定或规范要求。

3.14.4.1　专业验收

1. 一般规定

①专业验收包括工程项目清理及工程量汇总、工程质量评定、设备盘点及

“三材”核销，生产考核和有关部门对建设项目的环境保护、消防、劳动安全、工业卫生、职业卫生、档案、工程项目财务竣工决算及审计的验收。

②专业验收应根据批复的可行性研究报告和基础设计文件、详细设计文件、设计修改通知单、施工技术和验收规范（规程）以及质量验评表进行。

2. 专业验收的内容

①建设单位应汇总工程项目完成实物量，并对工程项目进行清理，对少量未完成工程落实收尾时间和措施。

②设备盘点及“三材”核销。建设单位应盘点库存设备、材料，提出设备、材料库存明细，针对不同情况提出处理意见。

③生产考核。建设项目生产装置及公用工程，应进行生产考核。生产考核应按《海沙集团公司建设项目生产准备与试车规定》进行。

④环境保护：

a. 建设单位依据环境保护竣工验收分级管理的规定，委托环境保护部门认可的环境保护监测部门对建设项目进行监测，并出具环境保护监测报告。

b. 建设单位依据环境保护监测报告，按《建设项目竣工环境保护验收管理办法》（国家环保总局令〔2001〕第 13 号），编制《建设项目（工程）环境保护设施竣工验收申请报告》。

c. 建设单位应将《建设项目（工程）环境保护设施竣工验收申请报告》及环境保护监测报告，一并报送环境保护行政主管部门并报建设主管部门。

d. 环境保护验收应由环境保护部门依据国家环境保护局《建设项目竣工环境保护验收管理办法》、设计文件以及环境保护监测部门提供的环境保护监测报告，对环境保护设施、环境保护管理和检测机构等内容进行验收。

⑤消防：

a. 建设单位应按设计文件和对设计文件的审查意见，结合消防自检情况，编写消防设施情况汇报，向公安消防部门提出验收申请。

b. 消防验收应由公安消防验收部门按照设计文件和对设计文件的审查意见进行验收。

⑥劳动安全卫生：

a. 建设单位应按劳动安全卫生验收分级管理的规定，委托按期生产行政主管部门认可的评价单位，对建设项目的劳动安全卫生进行检测，评价并出具专题报告。

b. 建设单位依据评价专题报告，按《建设项目（工程）劳动安全卫生监察规定》（劳动部令〔1996〕第 3 号）、《关于生产性建设工程项目职业安全卫生设施施行工会监督的暂行办法》（全国总工会经字〔1989〕8 号）及相关资料，并填写《建设项目劳动安全卫生验收审批表》，报送安全生产行政主管部门审批。

c. 劳动安全卫生验收应由安全生产行政主管部门按照设计文件及劳动安全卫生评价专题报告，依据劳动部《建设项目(工程)劳动安全卫生监察规定》进行。

⑦职业卫生：

a. 建设单位向职业卫生验收主管部门提出建设项目职业卫生验收申请，按《建设项目职业病危害分类管理办法》(卫生部令〔2002〕第22号)要求，填写《建设项目竣工验收职业病防护设施竣工验收申请书》，并提交相关资料。

b. 职业卫生监督机构执行卫生学调查、职业危害因素的测试和评价，并出具调查、测试和评价报告。

c. 职业卫生验收应由职业卫生行政主管部门按照《工业企业建设项目卫生预评价规范》及评价报告，对建设项目的职业卫生进行验收。

⑧档案：

a. 建设单位按国家档案局《建设项目(工程)档案验收办法》(国档〔1992〕8号)完成档案分类组卷，做好档案统计工作，编制档案移交清册。

b. 建设单位按要求编制建设项目档案竣工验收报告，并按档案验收分级管理规定，向档案管理主管部门提出验收申请。

c. 建设项目档案验收，由档案管理主管部门依据《建设项目(工程)档案验收办法》和《石油化工工程建设交工技术文件规定》(SH 3503—2001)进行验收。

d. 国家重点项目应按《国家重点建设项目档案管理登记办法》(档发字〔1997〕15号)的要求，填写国家重点建设项目档案管理登记表，上报档案主管部门。

⑨竣工决算及审计：

a. 建设单位按批准的设计文件，清理工程项目，并对剩余工程提出处理意见。

b. 建设单位核定物资消耗，清理库存物资，查明盈亏原因，提出处理意见。

c. 工程结算后，收集整理有关资料，按《财政部关于修改重印〈国有建设单位会计制度〉的通知》(财会字〔1995〕45号)编制建设项目竣工决算，并向审计部门提出审计申请。

d. 建设单位应按照审计部门规定的期限和要求，提供项目批准建设文件、设计文件、调整概算文件、承包合同及结算资料，建设单位自行采购设备清单、主要材料合同清单及出入库资料、重大设计变更资料、自项目建设之日起的工程进度报表和财务报表、工程竣工决算报表以及其他与财务收支有关的资料。

e. 竣工决算应由审计部门按《审计机关国家建设项目审计准则》(审计署令〔2001〕第3号)进行审计。

⑩质量评定：

建设单位组织质量监督部门对建设项目的设计质量、施工质量、主要设备材料质量进行评定。

3. 专业验收的确认

①生产考核的确认按照《海沙集团公司建设项目生产准备与试车规定》执行，报厂主管部门确认。

②专业验收由项目主管部门及其他各验收主管部门确认，即：环境保护由政府环保主管部门确认，劳动安全卫生由政府安全生产监督管理主管部门确认，职业卫生由政府卫生主管部门确认，消防由政府公安消防主管部门确认，档案由政府档案主管部门或海沙集团公司总部有关部门确认，质量评定由工程质量监督部门核定，竣工决算与审计由财务部门与审计部门确定。

③被验收单位应按验收主管部门提出的整改意见及时整改；不能及时整改的问题，应提出措施，限期解决。

4. 其他

①建设项目经专业验收后，建设单位应及时编写竣工验收报告及附表。

②建设单位应向海沙集团公司提出竣工验收申请。

③建设单位应负责起草竣工验收证书。

3.14.4.2 竣工验收

1. 一般规定

①竣工验收是建设项目的最终阶段，竣工验收应在专业验收后及时进行。

②海沙石化40万吨/年 PBC 项目采用集团公司验收方式，由总部有关部门组织验收。

2. 竣工验收依据

①竣工验收应依据批准的项目建议书、可行性研究报告、基础设计文件、详细设计文件、有关修改文件及专业验收确认的文件。

②对技术引进的项目除依据上款规定的内容外，尚应根据签订的技术引进合同。

3.14.4.3 竣工验收报告、竣工证书编制安排

①参照《石油化工建设项目竣工验收规定》编写，由工程部负责组织各相关部门完成。

②竣工验收证书由政工部负责准备。

3.14.5 相关文件

3.14.5.1 法律

相关法律包括：《中华人民共和国环境保护法》《中华人民共和国安全生产

法》《中华人民共和国职业病防治法》《中华人民共和国消防法》《中华人民共和国审计法》。

3.14.5.2　各部门法规

《建设项目竣工环境保护验收管理办法》(国家环境保护总局令〔2001〕第13号)。

《建设项目职业病危害分类管理办法》(卫生部令〔2002〕第22号)。

《建设项目(工程)劳动安全卫生监察规定》(劳动部令〔1996〕第3号)。

《关于生产性建设工程项目职业安全卫生设施施行工会监督的暂行办法》(全国总工会经字〔1989〕8号)。

《建筑工程消防监督审核管理规定》(公安部令第30号)。

《建设项目(工程)档案验收办法》(国家档案局档发〔1992〕8号)。

《财政部关于修改重印〈国有建设单位会计制度〉的通知》(财会字〔1995〕45号)。

《审计机关国家建设项目审计准则》(审计署令〔2001〕第3号)。

《石油化工建设项目竣工验收规定》(海沙集团公司〔1998〕建字268号)。

《石油化工工程建设交工技术文件规定》(SH 3503—2001)。

《建设项目生产准备与试车规定》(海沙集团公司〔2013〕建字24号)。

3.14.6　竣工验收报告附件

1. 建设项目批复文件

项目建议书、可行性研究报告及基础设计(初步设计)的批复文件(国外引进项目基础设计文件);概算批复、调整文件;建设项目“环境影响评价”批复文件;开工报告、投资许可证、土地使用证、报建文件、建设许可证;总承包、监理合同;开工审计证明。

2. 建设项目的“三同时”审查文件

3. 专业验收的确认文件

环境保护、消防、劳动安全卫生、工业卫生、职业安全卫生、档案、竣工决算审计的确认文件;交工验收证书;生产考核报告;工程质量评定。

4. 建设过程中重要请示及批复文件

5. 技术引进项目的有关文件

引进项目的技术、商务合同文件、机械竣工签署的文件;考核验收签署的有关文件、最终验收签署的有关文件。

3.15 效能监察管理程序

3.15.1 目的

为使参加海沙石化40万吨/年PBC项目的人员以及海沙石化与PBC项目相关的职能部门管理人员能够廉洁高效地履行工作职责，确保项目建设进度节点和各项控制目标的实现，把PBC项目建设成为安全、质量、进度、投资可控，按期实现安全稳定长周期运行的优质工程，特制订本程序。

3.15.2 适用范围

适用于海沙石化40万吨/年PBC项目建设全过程。

3.15.3 组织机构

设立海沙石化40万吨/年PBC项目效能监察领导小组，领导小组下设5个专业效能监察小组和1个效能监察联合检查组。5个专业效能监察小组由HSPMT相关部门经理及关键岗位人员组成，效能监察联合检查组由海沙石化相关职能部门人员组成。海沙石化监察处成立派驻现场效能监察工作组，派驻现场效能监察工作组与效能监察联合检查组合署办公，由监察部牵头。

3.15.4 主要职责

负责研究决定海沙石化40万吨/年PBC项目效能监察工作的有关重大事项。

负责项目效能监察工作组织协调，制订和实施项目效能监察工作方案。

负责向海沙集团公司督察组专题汇报项目进展和开展效能监察工作的情况。

各专业小组结合自身管理职责，负责落实项目效能监察具体工作。

负责项目效能监察相关资料的收集整理和立卷归档。

3.15.5 工作接口

由海沙集团公司督察组、海沙石化有关部门、HSPMT各部门进行工作协调与沟通，以确保工作任务的顺利完成。

3.15.6　工作程序

3.15.6.1　监察重点及方法

1. 监察重点

①设计管理、工程招投标及询比价、物资采购招投标及询比价、合同管理、变更管理和工程结算等6个方面的重要事项。

②对资源市场是否进行了认真考察和评价，对施工单位或供应商的选择和确定是否坚持了公平、公正、公开的原则。

③工程招投标及询比价、物资采购招投标及询比价、工程变更和工程结算等工作程序是否合规，工作人员是否正确履行了职责，结果是否客观公正。

④工程建设的施工质量、进度、HSE等工作中是否存在重大质量问题或安全事故，是否严格执行了责任追究。

⑤合同管理中的执行情况和执行结果，工程结算管理是否严格按投资概算执行，执行情况是否真实、合法。

⑥党风建设和反腐倡廉工作中是否建立、健全和完善了相关制度，《40万吨/年PBC项目经理部党风建设和反腐倡廉工作责任书》《项目人员廉洁从业承诺书》的签订、执行情况及信访举报的处理情况。

2. 主要方法

①建立健全项目效能监察工作组织机构，制订工作职责和工作方案。

②严格按照《海沙集团公司工程建设项目业务监督办法(试行)》(海沙集团公司监〔2010〕35号)和《海沙集团公司一般物资采购供应业务监督办法(试行)》(海沙集团公司监〔2010〕34号)进行监察。对该项目的效能监察采取以过程跟踪为工作面，以重要环节为切入点的效能监察方法。

③坚持"监察三查"：一查是否有制度，二查制度是否执行到位，三查制度是否得到完善。

④坚持事前预防性监察，事中跟踪性监察，事后改进性监察。

3.15.6.2　监督方式

①通过设立职工群众意见箱、开通热线电话等多种形式，让广大职工积极参与效能监察活动。

②建立项目效能监察协调会制度，定期研究效能监察工作开展情况。

③从管理中的突出问题、薄弱环节以及职工反映的热点问题入手，做好事前防范性教育、事中跟踪性监督、事后改进性建议落实工作。

④通过参加重要会议、介入管理活动、查阅有关资料、现场监督检查、受理

信访举报等掌握基本情况。

⑤发现重大问题，以效能监察建议书、效能监察决定书等形式向被监察单位提出整改意见。

⑥发现案件线索按有关规定及时进行查处，充分发挥效能监察工作的预防和惩治作用。

3.16 考核管理程序

3.16.1 目的

为加强海沙石化40万吨/年PBC项目建设过程管理，充分调动HSPMT各部门、各参建承包商和各监理单位的参建积极性，同时促进绩效改进和业务技能的提高，确保海沙石化40万吨/年PBC项目安全、高效、按期完成，特制订本程序。

3.16.2 适用范围

适用于海沙石化40万吨/年PBC项目经理部各部门、各监理单位、各承包商在该项目建设过程中工作绩效的考核。

3.16.3 原则

坚持量化指标、逐层分解的原则。各单位根据项目进度目标，科学编制本单位月度、季度和年度任务计划，责任到岗、责任到人。

坚持全面考核、重点突出的原则。坚持结果考核与行为考核相结合，以结果考核为主。

坚持公开、公正、公平的原则。自我评估与考核小组考核相结合，考核工作力争做到科学、合理、全面、准确。

坚持责、权、利相统一的原则。考核结果与考核奖金挂钩，奖优罚劣，奖进罚退。

3.16.4 组织机构及管理职责

3.16.4.1 组织机构

项目经理部成立考核小组，考核小组成员单位为项目经理部各管理部门。日常考核工作由政工部负责组织。

3.16.4.2　管理职责

1. 政工部

①负责牵头组织各部门制订各项考核指标和起草考核办法。

②负责牵头组织各部门进行每季度的考核评比工作，并将考核结果进行汇总。

③负责向项目经理部领导汇报考核结果，提交领导审批。

④负责协调日常考核工作中出现的问题。

2. 各管理部门职责

①指定专人参加考核小组每季度组织进行的考核评比工作。

②根据项目的进展情况，对本部门所负责的考核内容进行修改和补充，并负责对所考核单位进行检查和打分。

③配合考核小组做好考核评比的有关工作。

3.16.5　考核程序和依据

考核工作每季度进行一次，考核实行百分制。

每个季度第一个月的 5 日前，各部门、监理单位和承包商根据上个季度工作情况，按要求在考核表上填好自评分后，HSPMT 各部门报政工部，监理单位、承包商报控制部。

每个季度第一个月的 10 日前，政工部负责牵头组织项目经理部考核小组，按照考核检查要求，对被考核单位上个季度的工作进行检查和评比。

政工部将考核结果进行汇总，并提交项目经理部领导审批。

政工部根据项目经理部领导审批意见，按照考核排名结果，对被考核单位进行奖励或处罚。

考核依据为项目各部门职责、监理合同、设计合同、承包合同、第三方检测合同以及项目管理手册相关内容。

3.16.6　记录

项目经理部各管理部门考核检查表见本节末附件 1(表 3-75～表 3-82)。

监理单位考核检查表见本节末附件 2(表 3-83)。

承包商考核检查表见本节末附件 3(表 3-84)。

附件1　项目经理部各管理部门考核检查表

1. 海沙石化40万吨/年PBC项目HSPMT政工部工作季度考核检查表，如表3-75所示。

表3-75　海沙石化40万吨/年PBC项目HSPMT政工部工作季度考核检查表

年　　季度

部门：政工部　　　　填报时间：　　年　　月　　日

序号	部门职责	完成情况	考核分值	部门自评	分管领导考核
1	负责法定审批和外部协调		10		
2	负责协调项目外事工作和翻译事务		5		
3	负责文件收发、档案管理、印章管理、保密管理工作		15		
4	负责经理办公会会议纪要等重要公文，以及项目简报、大事记的拟稿及印发		15		
5	负责项目部人力资源管理		10		
6	负责会务、接待、车辆、办公用品、临时办公区安全保卫等行政及后勤工作		10		
7	负责计算机、网络、通信管理，办公设施固定资产管理及维修工作		10		
8	编写部门工作职责范围内竣工资料		5		
9	负责竣工验收资料的汇稿、出版工作		10		
10	负责项目对外宣传，项目部临时党支部、纪检监察、群工等日常工作		10		

部门审核：　　　　填报人：

2. 海沙石化40万吨/年PBC项目HSPMT控制部工作季度考核检查表，如表3-76所示。

表3-76　海沙石化40万吨/年PBC项目HSPMT控制部工作季度考核检查表

年　　季度

部门：控制部　　　　填报时间：　　年　　月　　日

序号	部门职责	完成情况	考核分值	部门自评	分管领导考核
1	组织编写总体统筹控制计划、一级进度计划；检查进度计划执行情况		15		
2	负责拟发项目部月度工作计划、总结；编制工程月报		10		
3	负责物资需求计划提报，参与采购计划编制，审核物资领用单		15		
4	负责费用（含物资采购费用）控制，参与工程计量，组织编报投资计划，检查投资完成情况，编报费用控制月报		15		
5	负责项目工程建设招投标管理（不包括物资采购招投标管理）、合同控制，办理工程索赔，编报合同月报		15		
6	组织按变更控制程序审核/审批变更		10		
7	组织风险评估，编制风险评估报告		10		
8	编写部门工作职责范围内竣工资料		5		
9	负责本部门文件、资料的收集、整理、归档		5		

部门审核：　　　　填报人：

3. 海沙石化 40 万吨/年 PBC 项目 HSPMT 工程部工作季度考核检查表，如表 3-77 所示。

表 3-77　海沙石化 40 万吨/年 PBC 项目 HSPMT 工程部工作季度考核检查表

年　　季度

部门：工程部　　　　　　　　　　填报时间：　　年　　月　　日

序号	部门职责	完成情况	考核分值	部门自评	分管领导考核
1	负责项目基础设计和详细设计联络和协调，协助组织厂内审查		10		
2	负责向设计院提供设计条件；经办设计变更		10		
3	审核提报给采购的设计资料		5		
4	参与设备、材料采购的技术咨询、评估，审查并会签项目物资采购合同技术附件		5		
5	承担施工管理的技术支持工作		5		
6	编写项目设计工作管理月报		5		
7	编写施工招标询价文件(技术部分)，审查评估投标文件(技术部分)		5		
8	组织设计施工图技术交底和图纸会审，审批施工组织方案、施工技术文件		10		
9	负责现场施工管理(调度、进度、质量、HSE 等)		10		
10	审核施工设备、材料领用计划；组织专业验收和装置中交；组织装置中交后遗留问题的整改		10		
11	督促、配合监理单位做好监理工作，审查现场工程计量，检查现场施工工序，确认隐蔽作业完工状况		10		
12	编写项目施工管理月报		5		
13	编写部门工作职责范围内竣工资料		5		
14	负责本部门文件、资料的收集、整理、归档		5		

部门审核：　　　　　　　　　　　　　　填报人：

4. 海沙石化40万吨/年PBC项目HSPMT采购部工作季度考核检查表，如表3-78所示。

表3-78 海沙石化40万吨/年PBC项目HSPMT采购部工作季度考核检查表

年 季度

部门：采购部 填报时间： 年 月 日

序号	部门职责	完成情况	考核分值	部门自评	分管领导考核
1	组织编制采购计划		10		
2	负责项目物资招投标等采购工作		10		
3	组织关键设备技术交流		5		
4	负责供货商向设计院提供技术资料的催交、协调工作		10		
5	负责设备监造、催交和接运		10		
6	负责项目物资的入库、储存、出库、转运以及临时库房的管理		10		
7	上报物资超概采购申请		5		
8	管理、考核供货商，协调供货商进行现场服务以及供货物资现场质量问题处理		10		
9	负责工程节余物资统计，协助剩余物资处理		5		
10	牵头组织到货物资（含随机资料）的开箱检查验收		10		
11	办理甲供材料检验工作		5		
12	编写部门工作职责范围内竣工资料		5		
13	负责本部门文件、资料的收集、整理、归档		5		

部门审核： 填报人：

5. 海沙石化 40 万吨/年 PBC 项目 HSPMT 财务部工作季度考核检查表，如表 3-79 所示。

表 3-79　海沙石化 40 万吨/年 PBC 项目 HSPMT 财务部工作季度考核检查表

年　　季度

部门：财务部　　　　填报时间：　　年　　月　　日

序号	部门职责	完成情况	考核分值	部门自评	分管领导考核
1	负责项目融资协调		10		
2	负责资金计划管理、审核，办理资金支付		15		
3	负责日常财会工作(费用报销、工程物资核算、在建工程核算)		15		
4	负责财务报表编制及财务分析		15		
5	编制单位资产交付清册并办理交付		10		
6	参与投资控制		10		
7	编制竣工决算；配合项目审计		10		
8	编写部门工作职责范围内竣工资料		5		
9	负责本部门文件、资料的收集、整理、归档		10		

部门审核：　　　　填报人：

6. 海沙石化40万吨/年 PBC 项目 HSPMT HSE 部工作季度考核检查表，如表3-80所示。

表3-80　海沙石化40万吨/年 PBC 项目 HSPMT HSE 部工作季度考核检查表

年　　季度

部门：HSE 部　　　　　　　　　　　　　　　填报时间：　　年　　月　　日

序号	部门职责	完成情况	考核分值	部门自评	分管领导考核
1	组织制订本项目安全施工监督管理规定并监督执行		10		
2	负责组织项目的安全、环保、职业卫生（预）评价工作和“三同时”监督工作		15		
3	负责项目施工过程的 HSE 监督管理工作		15		
4	认真审核承包商 HSE 资质		10		
5	对参建人员进行 HSE 教育和培训，组织开展各种 HSE 活动		10		
6	参与对承包商施工安全方案的审查		10		
7	组织事故分析、上报和处理		10		
8	负责施工现场的门禁管理		10		
9	编写部门工作职责范围内竣工资料		5		
10	负责本部门文件、资料的收集、整理、归档		5		

部门审核：　　　　　　　　　　　　　　　填报人：

7. 海沙石化40万吨/年PBC项目HSPMT质量部工作季度考核检查表，如表3-81所示。

表3-81　海沙石化40万吨/年PBC项目HSPMT质量部工作季度考核检查表

年　　季度

部门：质量部　　　　　　　　　　　　　　　　填报时间：　　年　　月　　日

序号	部门职责	完成情况	考核分值	部门自评	分管领导考核
1	负责项目全过程质量管理；建立项目质量管理体系，组织编制质量管理程序文件		15		
2	审查各参建单位的质量管理体系并对实施过程进行监督检查		10		
3	审查质量计划及检验计划，监督检查实施情况		10		
4	监督设备材料入库前的质量检验		10		
5	负责第三方检测单位资质的审查和第三方检测管理工作		5		
6	协助设备监造管理		10		
7	参与设计及重大施工方案审查，检查落实质量保证措施		10		
8	组织质量例会及质量问题专题会；参与一般事故的调查，组织质量事故的调查、分析，上报重大质量问题处理方案并监督整改		10		
9	参加“三查四定”和中间交接，组织质量检查并参与质量评定		10		
10	编写部门工作职责范围内竣工资料		5		
11	负责本部门文件、资料的收集、整理、归档		5		

部门审核：　　　　　　　　　　　　　　　　填报人：

8. 海沙石化40万吨/年PBC项目HSPMT生产准备部工作季度考核检查表，如表3-82所示。

表3-82　海沙石化40万吨/年PBC项目HSPMT生产准备部工作季度考核检查表

年　　季度

部门：生产准备部　　　　　　　　　　　　填报时间：　　年　　月　　日

序号	部门职责	完成情况	考核分值	部门自评	分管领导考核
1	参与基础设计、详细设计审查		10		
2	配合厂职能部门确定技术方案		10		
3	参与设备采购技术交流、评估		10		
4	组织编报投料试车物资计划		15		
5	组织编写总体试车方案和联动试车方案		15		
6	组织编写“三规一法”		10		
7	组织生产人员培训及考核		10		
8	参与“三查四定”和关键部位中交前的检查		10		
9	编写部门工作职责范围内竣工资料		5		
10	负责本部门文件、资料的收集、整理、归档		5		

部门审核：　　　　　　　　　　　　　　　　填报人：

附件2 监理单位考核检查表

9. 海沙石化40万吨/年PBC项目监理单位考核检查表，如表3-83所示。

表3-83 海沙石化40万吨/年PBC项目监理单位考核检查表

工程名称： 监理单位： 日期：

编号	检查项目	检查内容	应得分	自评分	考核分	考核部门
一	管理机构		10			
1	人员	监理工程师(总部任命/执业资格)、HSE监理工程师资质(任命/资质证明)。1分 专业监理工程师资质(专业与项目的适应性)。0.5分 其他管理人员资质。0.5分	2			控制部 质量部 HSE部 工程部
2	岗位	岗位设置齐全、责任明确；根据合同规定的时间及时配备现场监理组所有人员。1.5分 重要人员的更换、离场是否履行了业主的批准或备案的相关程序。1.5分	3			工程部 控制部
3	制度管理	建立、健全并不断完善各项管理规章制度，包括岗位责任制度、请示报告制度、检查报告制度、事故处理报告制度、工作总结制度、工作大事记制度等，关键岗位制度明示。1分 各项制度落实和执行效果。1分	2			政工部 控制部 工程部
4	文档管理	档案有专人管理、制度健全，档案设施齐全完好。1.5分 各类工程建档立卡，图表资料等规范齐全，分类清楚，存放有序，按时归档。1.5分	3			控制部 工程部 政工部
二	质量部分		20			
1	管理文件	监理单位ISO9000体系文件(ISO认证证书复印件、受控质量手册、受控质量程序文件)齐全有效。0.5分 是否适时编制、上报、下达完整适用的监理规划、监理细则等监理文件。0.3分 有无协助业主制订项目质量管理文件。0.2分	1			质量部 工程部

续表3-83

编号	检查项目	检查内容	应得分	自评分	考核分	考核部门
2	分包商审查	是否按规定的程序及时进行分包商审查。1分	1			质量部 控制部
3	方案、措施审查	是否适时、严谨科学地进行施工组织设计和施工方案的审查批准工作。0.4分 经审查批准的相关文件在执行中是否出现重大纰漏。0.3分 有无检查和确认施工单位实施质量保证并做书面记录。0.3分	1			工程部 质量部
4	技术标准	执行过程中有无擅自更换标准。0.4分 实施工程需要的GB标准、SH标准是否齐全有效。0.4分 实施工程需要的其他技术标准。0.2分	1			质量部
5	检测器具	现场监理人员是否配备必要完好且在校验有效期内的测量和检测工具、仪器。1分	1			质量部
6	设备、材料、构配件质量控制	是否及时对设备、材料和构配件的质量证明文件(原件/有效复印件)和实物进行审查、校验。0.5分 批准安装、使用的设备、材料和构配件是否出现质量问题。0.5分 是否按规定进行了见证取样/复查。0.5分 是否按规定处理不合格品。0.5分 是否按规定例外放行。0.5分 监督现场设备、材料、构配件按规定保管、使用。0.5分	3			质量部 工程部
7	过程控制	是否及时有效地组织了图纸会审，参加设计交底，是否及时处置未经会审和设计交底擅自施工的现象。1分 是否按规定的程序进行停检点的检验。1分 规定的工序是否进行了旁站并留用真实记录。0.5分 是否按规定组织了隐蔽工程验收、分项工程验收、分部工程和单位工程验收。0.5分	3			质量部 工程部

续表3-83

编号	检查项目	检查内容	应得分	自评分	考核分	考核部门
8	合格率	合格率是否满足合同要求。2分	2			质量部 工程部
9	监理日志	监理日志是否真实、齐全。1分	1			工程部 质量部
10	不合格/不符合项处理	对出现的过程不合格是否及时通知业主并按规定程序进行了处理。0.5分 对业主有关质量问题通知的执行及回复。0.5分	1			质量部 工程部
11	总部管理	总部检查、视察、质量体系审计情况。1分	1			质量部
12	质量事故	是否发生质量事故。2分 发生质量事故后，有无按约定报告，有无提出合理的应对方案。2分	4			质量部 工程部
三	HSE管理		20			
1	安全生产责任制	监理单位安全生产责任制执行情况。0.4分 现场监理组安全生产责任制执行情况。0.3分 海沙石化相关制度执行情况。0.3分	1			HSE部
2	HSE教育	对新员工进行教育。0.5分 经常开展HSE宣传教育。0.5分	1			HSE部
3	施工方案和技术措施	是否审查了施工方案中安全防护措施。0.5分 经审查批准的方案在执行过程中是否出现重大纰漏。1分 是否参加作业前的安全技术交底及其记录。0.5分	2			HSE部
4	特种作业	检查承包商是否按规定办理相关作业票，特种作业持证上岗。1分	1			HSE部 工程部
5	安全检查	安全检查记录是否完整、真实。0.5分 监督隐患整改。0.5分 定期安全检查制度执行情况。0.5分 现场个人防护、安全架设、现场防护、施工用电、起重机具及作业、现场机动车辆、现场清洁等例行检查。0.5分	2			HSE部 工程部

续表3-83

编号	检查项目	检查内容	应得分	自评分	考核分	考核部门
6	门禁管理	人员是否按照规定进出现场。0.5分 设备、材料是否按照有关规定进出现场。0.5分	1			HSE部 政工部
7	治安管理	是否按照有关规定实施现场治安管理。0.5分 是否发生了治安案件。0.5分	1			政工部
8	现场临设	检查承包商是否按照批准的施工现场布置方案搭设符合安全规定的临时设施。1分	1			HSE部 工程部
9	HSE事故	是否发生HSE事故。8分 有无上报并协助调查和处理。2分	10			HSE部
四	进度控制		20			
1		有无使用规定软件编制计划。2分	2			控制部
2		有无按规定时间编制需报业主的计划。2分	2			控制部
3		预控、调整措施是否及时得当。4分	4			控制部
4		周计划完成情况。2分	2			控制部
5		月计划完成情况。4分	4			控制部
6		控制节点到达情况。4分	4			控制部
7		是否及时报告可能影响进度控制的重大事件和因素，提出相关建议。2分	2			控制部
五	费用管理		15			
1		是否对工程费用完成情况进行跟踪。3分	3			控制部 财务部
2		是否按程序对已完工程量进行计量并审批工程进度款。3分	3			控制部 财务部
3		是否严格执行现场签证管理制度。1.5分 是否按规定审查签发设计变更。1.5分	3			控制部 工程部 财务部
4		是否及时报告对费用产生影响的重大事件和因素，并提出专业性建议。3分	3			控制部 财务部
5		是否及时完成工程结算审查。3分	3			控制部 财务部

续表3-83

编号	检查项目	检查内容	应得分	自评分	考核分	考核部门
六	合同管理		5			
1		是否建立合同管理台账。1分	1			控制部
2		是否及时妥善地协调处理合同争议。1分	1			控制部
3		是否及时报告可能引起合同争议的重大事项。1分	1			控制部
4		合同变更处理。1分	1			控制部
5		分包合同管理。1分	1			控制部
七	项目协调		10			
1	现场协调	在监理职责范围内及时协调现场出现的各种问题。2分 正确处理质量、HSE、进度、费用之间的关系。2分	4			工程部 控制部
2	建议与决议	是否根据工程实际主动、及时提出建议和报告。1分 传达、执行项目经理部及政府部门决议、决定的情况。1分	2			工程部 控制部
3	协作配合	与相关单位协作配合情况，如与第三方检验的配合，与承包商间的配合等。2分	2			工程部 控制部
4	监理月报	按时提交监理月报。1分 月报内容翔实，格式符合合同和规范要求。1分	2			工程部 控制部
八	评分结果		100			

监理单位审核：　　　　　　　　　　　　　　　　填报人：

附件3 承包商考核检查表

10. 海沙石化40万吨/年PBC项目承包商考核检查表，如表3-84所示。

表3-84 海沙石化40万吨/年PBC项目承包商考核检查表

工程名称： 承包商： 日期：

编号	检查项目	检查内容	应得分	自评分	考核分	考核部门
一	管理机构		10			
1	人员	项目经理部(总部任命/执业资格)、技术质量负责人(任命/资质证明)、HSE负责人(任命/资质证明)、专业工程师(项目部行文/专业与项目的适应性)。0.5分 其他管理人员资质。0.5分	1			工程部 质量部 HSE部
2	岗位	岗位设置齐全、责任明确，根据合同规定的时间及时配备所有人员。1分 重要人员的更换、离场是否履行了业主、监理的批准或备案的相关程序。1分	2			工程部
3	制度管理	监理、健全并不断完善各项规章制度，包括岗位责任制度、请示报告制度、检查报告制度、事故处理报告制度、工作总结制度、工作大事记制度等，关键岗位制度明示。1分 各项制度的落实和执行效果。1分	2			工程部 控制部
4	文档管理	档案有专人管理、制度健全，档案设施齐全、完好。1分 各类工程建档立卡，图表资料等规范齐全，分类清楚，存放有序，按时归档。1分	2			工程部 政工部
5	执行决议	政府部门、业主相关管理部门及监理的决议、决定执行情况。2分	2			工程部
6	协作配合	与相关单位协作配合情况，如与第三方检验、供应商以及承包商间配合等。1分	1			工程部
二	质量部分		30			

续表3-84

编号	检查项目	检查内容	应得分	自评分	考核分	考核部门
1	管理文件	公司总部ISO9000体系文件(ISO认证证书复印件、受控质量手册、受控质量程序文件)是否齐全有效。0.5分 项目质量管理文件/质量计划QC/QA文件是否齐全有效。0.5分 施工组织设计编、审、报、批是否规范适用。1分	2			质量部 工程部 监理
2	分包商审查	分包商资质、企业业绩、管理人员职业资质(项目经理/技术负责人、施工员、质检员、安全员、资料员、材料员)、特殊工种人员资质是否合格，是否报批备案。0.5分 是否按规定程序向监理和业主办理审批。0.5分	1			质量部 工程部
3	技术标准	是否配齐海沙石化相关要求。0.5分 实施工程需要的GB标准、SH标准是否齐全有效。0.5分 是否配齐实施工程需要的其他技术标准。0.5分 有无按确定的标准执行。0.5分	2			质量部 工程部 监理
4	设备、材料、构配件质量控制	质量证明文件原件/有效复印件是否齐全，使用前是否按规定/规范进行了检验、报审和保管、使用。1分 承包商自采材料是否经过批准，业主和监理进行的见证取样/复查是否合格。1分 是否按规定处理不合格品。1分 例外放行。1分 现场设备、材料、构配件是否按规定存放、保管。1分	5			质量部 工程部 监理
5	现场检验工器具	现场使用的测量和检验工具、仪器是否完好，并在校验有效期间。2分	2			质量部 工程部 监理

续表3-84

编号	检查项目	检查内容	应得分	自评分	考核分	考核部门
6	过程控制	是否及时有效地进行了图纸会审，参加设计交底，是否有未经会审和设计交底擅自施工的现象。1 分 是否按规定程序报批施工方案。1 分 设置的质监点是否自检并按程序报检。1 分 是否按规定进行隐蔽工程验收、分项工程验收、分部工程和单位工程验收，合格率是否满足合同要求。0.5 分 是否按规定办理工序交接和中间交接。0.5 分 测量复核(放线/竣工)、水准点和坐标点是否准确并保护良好。0.5 分 施工日志是否真实、齐全。0.5 分	5			质量部 工程部 监理
7	不合格/不符合项处理	对出现的过程不合格是否按规定程序进行了处理。1 分 对业主、监理、质监站有关质量问题通知的执行及回复。1 分	2			工程部 质量部
8	总部管理	总部检查、视察情况。0.5 分 质量体系审计情况。0.5 分	1			政工部 质量部
9	质量事故	是否发生质量事故。8 分 质量事故发生后，有无上报并采取适当措施。2 分	10			质量部 工程部 监理
三	HSE 管理		20			
1	安全生产责任制	企业安全生产责任制执行情况。0.4 分 项目经理部安全生产责任制执行情况。0.3 分 海沙石化安全生产禁令执行情况。0.3 分	1			HSE 部 监理
2	HSE 教育	项目经理部 HSE 教育。0.4 分 承包单位 HSE 教育。0.3 分 工种安全技术操作规程教育。0.3 分	1			HSE 部 监理
3	施工方案和技术措施	施工方案有危险性分析及相应的防范措施并经审批。0.5 分 作业前的安全技术交底及其记录。0.5 分	1			HSE 部 监理

续表3-84

编号	检查项目	检查内容	应得分	自评分	考核分	考核部门
4	特种作业	是否按规定办理特殊作业票，特种作业持证上岗情况。1分	1			HSE部 监理
5	安全检查	安全检查记录是否完整、真实。0.3分 隐患整改情况。0.4分 工种安全技术操作规程教育。0.3分	1			HSE部 监理
6	门禁管理	人员、设备、材料、车辆是否按照规定进出现场。1分	1			HSE部 监理
7	治安管理	是否按照有关规定实施现场安全管理。0.5分 是否发生了治安案件。0.5分	1			政工部
8	现场临设	是否按照批准的施工现场布置方案搭设符合安全规定的临时设施。1分	1			工程部 监理
9	现场清洁	采取清扫、覆盖、喷淋等必要的措施保持现场清洁，做到工完、料净、场地清。1分	1			工程部 监理
10	现场防护	通道工作面、安全网、防护栏、隔离带、警戒线、安全标志。1分	1			HSE部 工程部 监理
11	个人防护	是否按规定着装，佩戴安全帽和安全带。0.5分 需特殊防护的作业人员是否按规定配备使用特殊防护用具。0.5分	1			HSE部 工程部 监理
12	安全架设	作业面架体、绑扎及与墙体、钢结构等牢固结构的连接符合要求。0.5分 活动架强度、稳定性、材质符合规定；方案、检查验收、记录、标志等齐全。0.5分	1			HSE部 工程部 监理
13	施工用电	施工用电资料齐全；线路完好并按照有关规定架设；配电与保护完备。0.5分 配电箱按规定区域整齐摆放，保护设施齐全有效；照明采用安全电压，符合防爆要求。0.5分	1			HSE部 工程部 监理

续表3-84

编号	检查项目	检查内容	应得分	自评分	考核分	考核部门
14	起重机具及作业	机具设备及相应辅助件状况是否良好，是否在规定的有效使用期内。0.5 分 方案、交底记录等技术措施是否完备；作业过程是否按照相应方案和有关规定执行。0.5 分	1			HSE 部 工程部 监理
15	现场机动车辆	车辆安全状况是否良好，车辆是否按照规定行驶与停放。0.5 分 现场作业过程是否符合相应规定；进入特定地点的车辆是否按照规定配备合格的防火防爆设施。0.5 分	1			HSE 部 工程部 监理
16	HSE 事故	是否发生 HSE 事故。4 分 发生事故后有无上报和采取适当的措施。1 分	5			HSE 部 监理
四	进度控制		20			
1		有无使用规定软件编制计划。1 分	1			控制部
2		有无按规定时间编制上报计划。2 分	2			控制部
3		预控、调整措施是否及时得当。3 分	3			控制部
4		周计划完成情况。3 分	3			控制部 工程部
5		月计划完成情况。5 分	5			控制部 工程部
6		控制节点到达情况。6 分	6			控制部 工程部
五	费用控制		15			
1		是否按照规定程序申请工程量计量。4 分	4			控制部 财务部
2		是否按照规定程序申请工程进度款。4 分	4			控制部 财务部 财务部
3		预算审检情况。3 分	3			控制部 财务部

续表3-84

编号	检查项目	检查内容	应得分	自评分	考核分	考核部门
4		是否及时提报工程预算，及时办理工程结算。2分	2			控制部 财务部
5		是否及时按程序处理了变更及变更的费用，有无执行业主设计变更和现场签证程序。2分	2			控制部 财务部 财务部
六	合同管理		5			
1	合同变更处理	是否及时按程序处理了变更。1分	1			控制部
2	合同的分包管理	合同分包的，有无与分包商签订合同并报业主备案。2分 有无按合同要求提供施工或采购报告。1分 有无监督分包商的履约行为并为其负责。1分	4			控制部
七	评分结果		100			

承包商审核：　　　　　　　　　　　　　　　填报人：

参考文献

[1] 肖航，徐森，曹丹. 建筑工程项目管理与施工技术创新研究[M]. 天津：天津科学技术出版社，2023.

[2] 范成伟，周文昉，张海捷. 工程项目管理[M]. 南京：东南大学出版社，2023.

[3] 陈汉文. 工程项目融资[M]. 重庆：重庆大学出版社，2023.

[4] 胡伟. 土木工程项目中工程资料管理的优化与实践[J]. 科技与创新，2025(2)：226-229.

[5] 张志霄. 精细化管理在建筑工程管理中的应用[J]. 建材发展导向，2025，23(2)：94-96.

[6] 郝永池，贾真，杨小辉. 建设工程项目管理[M]. 北京：化学工业出版社，2022.

[7] 李海莲. 工程经济与项目管理[M]. 北京：中国铁道出版社，2022.

[8] 卢修元. 工程项目管理[M]. 北京：中国水利水电出版社，2022.

[9] 王宁. 工程项目管理标准化工具：清单式管理方法[J]. 建设监理，2025(1)：26-29.

[10] 李炫. 工程项目成本的精细化管理与控制[J]. 中华建设，2025(1)：44-46.

[11] 李翔宇，李喜龙，曹俊鹏，等. 工程项目安全管理存在的问题及策略[J]. 四川建筑，2024，44(6)：285-287.

[12] YUETING H, SHAOLIN Q. A Study on the Method of HSE Risk Management of Engineering Projects[J]. Asian Social Science, 2011, 7(8).

[13] 王卓甫，丁继勇，邓小鹏. 工程项目风险管理[M]. 北京：中国水利水电出版社，2022.

[14] 中国建设工程造价管理协会. 建设工程造价管理理论与实务[M]. 北京：中国计划出版社，2021.

[15] 潘炳玉，付国永. 建设工程项目管理[M]. 北京：化学工业出版社，2020.

[16] 谢臣伟，左小德，刘敏，等. 大型项目管理[M]. 广州：暨南大学出版社，2020.

[17] 鄢文龙. 建筑工程项目管理及施工质量控制策略探析[J]. 建设机械技术与管理，2024，37(6)：30-32.

[18] 曾宝莹. 工程项目合同风险管理[J]. 价值工程，2024，43(33)：16-19.

[19] 段景靓. 建设工程项目管理模式选择探究[J]. 砖瓦，2023(12)：126-128.

[20] 费雪. 建筑工程项目成本控制与管理[J]. 纳税，2023，17(26)：79-81.

[21] 张之峰，胡文军. 工程项目管理[M]. 南京：南京大学出版社，2020.

[22] 夏立明. 建设工程造价管理[M]. 北京：中国计划出版社，2019.

[23] 刘泽俊，周杰，李秀华，等. 工程项目管理[M]. 南京：东南大学出版社，2019.
[24] 张现林，谷洪雁，莫俊明. 建设工程项目管理[M]. 北京：化学工业出版社，2018.
[25] 胡静. 建筑工程项目管理中的施工现场管理与优化措施[J]. 城市建设理论研究(电子版)，2023(24)：46-48.
[26] 张世阳，全博文. 建筑工程项目风险管理研究[J]. 城市建筑空间，2022，29(S2)：836-837.
[27] 任珂. 工程项目管理在总承包项目中的应用[J]. 氮肥技术，2022，43(6)：46-48.
[28] 任小伟. 工程项目人力资源管理中绩效考核与激励机制的探索——以海油工程 EPCI 总包工程项目为例[J]. 商讯，2022(22)：187-190.
[29] 杨云朋. 浅谈工程项目实施全面预算管理的作用[J]. 中国总会计师，2022(7)：100-102.
[30] 万志辉. 工程项目的成本控制与管理[J]. 有色冶金设计与研究，2019，40(6)：128-129.
[31] 韩国波，崔彩云，卫赵斌，等. 建设工程项目管理[M]. 重庆：重庆大学出版社，2017.
[32] 曹小琳. 工程项目管理[M]. 重庆：重庆大学出版社，2017.
[33] 中国建设工程造价管理协会. 建设工程造价管理基础知识[M]. 北京：中国计划出版社，2014.
[34] 陈平，卢玉，李雪莹. 工程管理概论[M]. 哈尔滨：哈尔滨工业大学出版社，2012.
[35]《建设工程项目质量管理》编委会. 建设工程项目质量管理[M]. 北京：中国计划出版社，2009.
[36] 中国建设工程造价管理协会. 建设工程造价管理基础知识[M]. 北京：中国计划出版社，2007.
[37]《建设工程项目信息管理》编委会. 建设工程项目信息管理[M]. 北京：中国计划出版社，2007.
[38]《建设工程项目采购管理》编委会. 建设工程项目采购管理[M]. 北京：中国计划出版社，2007.
[39]《建设工程项目管理规划与组织》编委会. 建设工程项目管理规划与组织[M]. 北京：中国计划出版社，2007.
[40]《建设工程项目成本管理》编委会. 建设工程项目成本管理[M]. 北京：中国计划出版社，2007.
[41]《建设工程项目职业健康安全与环境管理》编委会. 建设工程项目职业健康安全与环境管理[M]. 北京：中国计划出版社，2007.
[42]《建设工程项目合同与风险管理》编委会. 建设工程项目合同与风险管理[M]. 北京：中国计划出版社，2007.
[43]《建设工程项目资源管理》编委会. 建设工程项目资源管理[M]. 北京：中国计划出版社，2007.
[44] 王平. 项目管理在建筑工程管理中的实践[J]. 现代物业(中旬刊)，2019(12)：124.
[45] 仇瑞雪，黄胜春. 工程项目管理企业的供应商管理体系建设研究[J]. 住宅与房地产，2019(4)：110.

[46] 唐俊斌. 项目管理在建筑工程管理中发挥的重要作用研究[J]. 居舍, 2019(1): 144.
[47] 樊钊甫. 工程项目实施过程中的风险管理问题研究[J]. 建筑安全, 2019, 34(1): 38-41.
[48] 李世蓉, 兰定筠. 建设工程施工管理[M]. 北京: 中国水利水电出版社, 2005.